大串夏身　金沢みどり【監修】
図書館情報学シリーズ
8

図書館文化史

綿抜豊昭

学文社

まえがき

　本書は，社会や時代の変化と関連づけながら，図書文化及び図書館文化の歴史の概略について述べるものである。
　かつて，椎名六郎は，『新図書館学概論』（学芸図書，1973年，p.29）のなかで，「図書館史」について以下のように述べている。

　　　全体的に見て，図書館史は人類の文化の発展と，社会の発達の歴史から，単独に発達したものではない。すべてが人類文化と社会の発達につながっているのであるから，この研究は困難であることを知らねばならない。さらに問題になるのは，このような歴史を記述するについて，どのような立場で，客観的事実を認識するか，すなわち図書館史を描く人間の歴史観によって，描かれた図書館史の様相が変わってくるのである。しかしどのような歴史観をもって描くかは，研究者の自由である。そこで，各種の図書館史が出現するのである。

　事実，椎名が上記のことを述べた当時「各種の図書館史」が存在しており，その内容も，著者の個性が色濃く出ていた。それから30年以上もたった今日では，「図書館史」だけではなく，「図書館史」にかわって「図書館文化史」という用語も用いられるようになるなどし，現在もさまざまな「図書館史」が存在する。ごく最近においても，河井弘志がこうしたことについて取り上げている（「図書館史と図書館思想史と図書館学史」『図書館文化史研究』第22号，2005年）。
　また，「図書館」とは何かについても，いろいろと述べられている。「図書館」という言葉に限って述べるならば，「絵図」や「書物」を集めた建物という意味である。しかし，たとえば日本の法律ではこのように定義されているとか，ある研究者はこのように考えているとか，立場等によって「図書館」のとらえようは異なっている。

本書は,「図書館」を,文化情報を収集・蓄積し,それを発信する文化装置のひとつと考える。ここでの「文化情報」の「情報」は,「知識情報」のことで,たとえば,ただの記録ではなく,ある目的にしたがって整理・体系化されたものを意味する。つまり情報の知識化されたものが図書であり,それがさらに整理・体系化されておさめられている機関が図書館である。人は図書館で図書を借り受けるなどして学び,知識情報を得て,あらたな知識情報を生産し,発信することができる。情報社会のなかで生きる人にとって図書館は必要不可欠なものである。

　なお,図書館史のうえでは,さまざまな点において前近代と近代のあいだに大きな隔たりがあるとされる。それは図書および図書館に関する情報量についても同様である。近代以後は,もちろんすべてではないが,各国,各地域,各図書館それぞれの歴史について,本書と同じ分量の本を著すことができるといっても過言ではない。限られた紙数で,それらについて述べるには,かなり記述を絞り込む必要がある。そこで近代的図書館設立以前の事項は,文化史的な視点も取り入れながら,教養を深めることができるように記述し,近代的図書館設立以後は,「歴史的な流れ」をおさえることを目的として記述する。本書は,外国編と日本編の二部構成をとっているが,各部巻末に参考文献をあげているので,より知識を深めたい方は,それらにあたることを勧める。

　本書は概略を述べるものであり,本文中に原文を引用したものに関しては出典を明記したが,その他の参考にした文献については,一つ一つ注記せずに,「参考文献」としてあげている。また所蔵機関の記されていない図版の原本等は著者所蔵のものによる。

目　次

まえがき

第 1 部　外国編

第 1 章　古代文明と文字 ―――――――――――――――――― 8

 1　ことばの発生　8
 2　文明の発祥　10
 3　メソポタミア文明と文字　10
 4　エジプト文明と文字　14
 5　パピルス　16
 6　インダス文明　17
 7　黄河文明と古代王朝　18
 8　中国の「結縄」　19
 9　中国の文字創世伝説　20
 10　アルファベットの成立　21

第 2 章　四大文明以後の古代文化 ―――――――――――――― 22

 1　ギリシャ文化　22
 2　アレクサンダー大王　23
 3　アレクサンドリア図書館　24
 4　周・秦の時代　25
 5　古代ローマ　28
 6　キリスト教と図書館　29
 7　隋・唐・宋の時代　31

第 3 章　中世文化・近世文化 ――――――――――――――― 33

 1　イスラム　33
 2　ゲルマン民族の国　35
 3　モンゴル帝国　36
 4　ルネサンス　37
 5　グーテンベルクの活版印刷術　38
 6　ヨーロッパの王・諸公の図書館　39

第4章　近世期以後の欧米図書館 ──────────── 41

 1　イギリス　41
 2　フランス　42
 3　ドイツ　45
 4　オランダ　46
 4　アメリカ　46

第2部　日本編

第1章　原始・奈良・平安時代 ──────────── 52

 1　原始時代　52
 2　奈良・平安時代の概観　53
 3　漢籍・仏書の伝来　53
 4　聖徳太子とその周辺　54
 5　図書寮の設置　56
 6　官設文庫《図書寮》　56
 7　官設文庫《文殿》　57
 8　宮廷文庫　58
 9　写経　59
 10　寺院文庫《経蔵》　59
 11　公家文庫　61
 12　学寮文庫　62

第2章　中　世 ──────────────────── 63

 1　時代の概観　63
 2　武家文庫　63
 3　学校文庫──足利学校の文庫　65
 4　京都・鎌倉の五山と文庫　66
 5　朝廷文庫　66
 6　公家文庫　67

第3章　近　世 ──────────────────────── 68

　　1　時代の概観　68
　　2　武家文庫　68
　　3　諸大名の文庫　71
　　4　学校文庫　73
　　5　個人文庫　75
　　6　公開文庫　76
　　7　貸本屋　77
　　8　朝廷（公家）文庫　78
　　9　神社文庫　78
　　10　寺院文庫　79

第4章　近　代 ──────────────────────── 80

　　1　時代の概観　80
　　2　明治期の図書館運動　80
　　3　大正・昭和期の図書館運動　82
　　4　図書館行政の変遷　83
　　5　帝国図書館　84
　　6　帝国図書館などの設立と出版　86
　　7　宮内庁書陵部と内閣文庫　86
　　8　貸本屋　87
　　9　新聞縦覧所など　90
　　10　明治期の公共図書館　92
　　11　大正・昭和期の公共図書館　95
　　12　学校・大学図書館　97
　　13　私設図書館　99
　　14　寺社関係の文庫　102
　　15　通信制図書館　103

第5章　現　代 ──────────────────────── 104

　　1　図書館行政と図書館活動　104
　　2　国立国会図書館　105
　　3　公共図書館　106
　　4　学校図書館　109
　　5　大学図書館　110
　　6　その他　111

第 6 章　地域文化と図書館──宮城県地方の場合 ───────── 112

  1　地域図書館史　112
  2　宮城地方　112
  3　藩政期末の文庫等　113
  4　出版　115
  5　書籍館設立以前　115
  6　書籍館の設立　115
  7　名称変更　117
  8　戦災　118
  9　戦後の寄贈等　119
  10　離合集散　120

第 7 章　日本の図書文化 ─────────────────── 122

  1　紙の種類　122
  2　装訂　124
  3　糊を使用した装訂　127
  4　糸を使用した装訂　128
  5　日本の本の最初　128
  6　日本の印刷の起源　130
  7　寺院版　130
  8　地方版　131
  9　中世の印刷文化　132
  10　古活字　132
  11　木活字のその後　133
  12　嵯峨本と奈良絵本　134
  13　江戸時代の出版　134
  14　明治初期の出版　136
  15　活版印刷　136

あとがき　141

索　引　143

第1部　外国編

第1章
古代文明と文字

　人類のコミュニケーションは，〈声〉→〈文字〉→〈印刷〉→〈電子〉，と4段階で発達したとされる。記録媒体がなかった時代の〈声〉の文化は，現在，どのようなものであったか不明である。次の〈文字〉の文化の段階が，図書の起源であり，図書館へと続くものである。ここでは，時代背景とともに，「文字」とその「記録媒体」について把握する。

1　ことばの発生

　はじめに，ことばを生み出した人類の出現について触れておきたい。
　時系列で述べると，現代人のような「人」になるまでに，以下のような進化をとげる。

　　　　猿人→原人→旧人→新人

「猿人」の前に「類人猿」が描かれた，人の進化の過程が絵像化されたものを，小学生向けの図書などには，しばしば見かける。学問的には，数百万年前に人類の共通の祖先から，「類人猿」と「猿人」とに枝分かれしたと考えられている。その時期は，DNAの分析により，500-600万年前という説が，遺伝子学の研究において出されている。また「類人猿」と「猿人」の大きな違いは直立歩行するか否かである。つまり，人に似た猿が，猿に似た人に進化して人間になったのではないと考えられている。
　ある程度まとまった，文字で書かれた文献資料がない時代のことは，遺物が発見され，それが科学的に分析されて，いつごろのものか，どのようなものか

などが明らかになったうえで、その時代の文化などが考察される。最初の猿人については、その化石が新発見されるたびに、教科書の類も書き直しがなされてきた。簡単に、猿人の化石発見の歴史を整理すると以下のようになる。

1974年　アファール猿人発見。約320万年前に生息。
　＊ビートルズの「Lucy In The Sky With Diamonds」が、発見時、発掘隊キャンプで流れていたので、「ルーシー」の愛称がつけられたことでも知られる。

1992年　ラミダス猿人発見。約440万年前に生息。
　＊東京大学の諏訪元らが発見。

2000年　ミレニアム・アンセスター（千年紀の祖先）発見。約600万年前に生息。

2002年　サヘラントロプス発見。約600-700年前に生息。

　化石の発見された地域に着目すると、以上はすべてアフリカで発見されている。つまり人類の起源はアフリカに求められることになる。それは、DNAの研究の結果でも裏づけられている。

　さて、旧石器を使用していた猿人のなかから、「原人」が現れたとされる。「ジャワ原人」（ピテカントロプス・エレクトス）、北京原人、ハイデルベルグ人などである。中国で発見された「元謀原人」の化石は170万年前とされる。

　100万年前になると「旧人」があらわれる。現代人と変わらない脳の大きさとなる。死者を埋葬し、花を供えた痕跡があるとされるネアンデルタール人の化石は23万年前のものとされる。

　「旧人」の次に、クロマニヨン人などで知られる「新人」が現れる。学名「ホモ・サピエンス」とは、「知性をもった人」という意味である。この頃になると「屈葬」といったことが行われるようになる。洞穴壁画としては、アルタミラやラスコーがよく知られるが、2000年にフランスのキュサックで発見されたものは3万2000年前に描かれ、現存最古のものとされている。

　以上、現生人類が現れるまでを、簡単に整理したが、いったい、いつごろに、ことばが生み出されたのだろうか。ことばは、コミュニケーションとしての道具であるから、コミュニケーションがとりかわされる、複数の人で構成される

社会が形成されていなければならない。とすれば，死者の埋葬がなされたとされる「旧人」の頃には，ことばが使用されるようになっていたものと考えられる。しかし，あくまでも想像の域を出ず，確かなことは不明である。

2　文明の発祥

紀元前3500-2000年頃，4つの文明，いわゆる「四大文明」が，次の川の流域に発祥する。

- メソポタミア文明……チグリス・ユーフラテス川流域
- エジプト文明…………ナイル川流域
- インダス文明…………インダス川流域
- 黄河文明………………黄河流域

近年，インド西部，スラト沖で，紀元前7500年頃の海底都市遺跡が発見された。このことによって「四大文明」という言葉は，見直しが迫られている。しかし，詳しいことはまだわからないため，ここでは，とりあえず従来の「四大文明」について述べることにする。

「四大文明」は，いずれも川の流域に発祥する。これは洪水・氾濫などによって下流域に養分の多い土壌が形成され，それが農耕・牧畜の発生を促し，文明が発祥したからだとされる。

文明が発祥すると，言語・宗教・社会習慣など，いわゆる文化が共通する「民族」ができ，また「都市国家」ができる。そして，都市国家の維持等に必要なものとして「文字」が生まれることになる。

3　メソポタミア文明と文字

チグリス川とユーフラテス川の間の地を意味する「メソポタミア」とは，現在のイラク周辺にあたる。この地の文明の基礎を築いたのがシュメール人で，紀元前2000年頃には，歴史から姿を消し，「旧約聖書」にも，ギリシャやローマの古文献にも登場せず，民族系統が不明な，「謎の民族」ともいわれる。シュメール人は，アッカド人に征服される。アッカド人もアムル人に征服され，

古バビロニア王国が建てられるが，紀元前1600年頃にカッシートなどにとってかわられ，紀元前900年頃にアッシリア帝国となる。

さて，ここで使用されていた文字が「楔形文字」（キュネイフォーム，cuneiforma）といわれるものである。文字が「楔」（cuneus）を連ねたような形をしていたことによる命名である。紀元前3200年頃から使用され，シュメール語，アッカド語，ヒッタイト語，ペルシア語など，多くの言語を書き写すのに用いられた。「眼には眼を，歯には歯を」で知られる，古バビロニア王国のハンムラビ王が編纂させた「ハンムラビ法典」も，石柱に楔形文字で刻まれたものである。なお，その最初に発見されたものは，フランスのルーブル美術館に所蔵されている。

楔形文字が書かれた粘土板（筑波大学蔵）

楔形文字は，紀元頃には完全に使用されなくなっていたらしい。日本を西洋に紹介したことで知られるケンペルが使用して以来「キュネイフォーム」という言葉は広まったとされるが，ケンペルは，文字とは思わず，装飾文様と考えていたことからもわかるように，近年になって解読されるまで，忘れさられた文字となっていた。

楔形文字の最古のものは，紀元前3200年頃のもので，絵文字的書体である。その後，3000年の歴史のなかで，絵文字的なものが少なくなり，整理されていき，原型をとどめないほどに変化した。つまり表意文字が表音文字に変わっていったのである。はじめは葦の先端をとがらせた筆記用具で，乾燥して固くなっていない粘土板などに書かれた。それは略画ともいうべき絵文字であった。丸みがある絵文字は，線を引くなどして描かなければならない。葦の先端をとがらせた筆記用具では，必ずしも上手に書けるとはかぎらない。経験や技術がそれなりに必要になる。直線的な文字は，筆記具を粘土板に押しつけることで

第1章 古代文明と文字

書くことができる。「印字」したのである。極端な例になるが，自分の名前を筆記具で書くのと，印を押すのとの違いである。速く，正確に記すことができる。記録に個性や芸術性は必ずしも必要ではない。葦は腐りやすいため，筆記用具に加工された葦は現存しないが，粘土版から推測するに，筆記具も改良されたらしい。葦の茎を切り落とし，鋭角的な形をした，いわばペン先をつくり，それを押しつけて，三角形の向きやそれに直線を組み合わせた文字を刻んだとされる。なお，粘土板は，角が丸い物から，角が四角の物になっていく。

また，書かれた内容は，初期のものは家畜や穀物など経済管理に関するもので，いわゆる行政・経済文書である。記録するのに必要だから文字は生み出されたのである。

人類には，これまでさまざまな発明をしてきたが，情報メディア関連の発明で最も重要なもののひとつが文字の発明であろう。情報は「記憶」から「記録」するものとなったのである。

行政・経済文書は，何か問題があったときの証拠にもなるなど，貴重な文書である。貴重なものが多くあれば，それを保管するために，特別な施設が必要となる。それが「文書館」であり，文書はそこに集積されていった。

そして時を経るにしたがって，王国の発展とともに，政治をするにあたり必要なものが著され，それが集積されることになる。為政者にまつわる神話や王室の年代記，また宗教的な儀式の本や祭祀の暦，秘儀や魔術の書，死者の書，さらには実用的な数学書や医学書などの文書である。

すなわち，紀元前2500年頃になると王の事績を称える「王碑文」が増え，紀元前1500年頃になると，文学作品などが書かれるようになったのである。この頃になると，それまで実用的なものであった「文字」が，いわば「言霊」といった，何か人を動かす力のようなものをもつものととらえられるようになったようである。そうした「文字」で著されたものに価値を見いだすようになると，文学や占いなどを集めるようになる。図書館の誕生である。また収集にとどまらず，集めた粘土板を編集して，あらたな粘土板を作成している。

「文書館」は，いまの公文書館のようなものであったが，このような著述が

加わることによって，いまの図書館のようなものになっていった。つまり時代が変化し，文字が書かれたものの内容や形態が変化し，図書となり，それにあわせて図書館が生まれ，成長していった。

1975-76年，エブラで，紀元前3000年後期の王宮Gの文書庫が発掘される。エブラが攻撃されて放火され，それがそのまま遺跡となったため，ほぼ当時の様子のまま発見された。いつ攻撃されて焼かれたかが問題となっているが，アッカド朝のサルゴンによるものとされる。サルゴンは紀元前2400年後半に活動しているので，この文書庫もその頃のものとされる。約1万6000枚の粘土板および断片が発掘され，復元作業の結果約2500枚の粘土板であったと考えられている。それらの大半は行政・経済文書であり，神々の名を読み取ることができるものもある。また，王碑文や文学テキストは発見されていないとのことである。

アッシュル・バニパル文庫と呼ばれる，アッシリアの都ニネヴェの遺跡では，王宮の王座の裏側の通路に，2万枚とも4万枚ともいわれる粘土板文書が並べられていた。これは，エブラ遺跡が発掘されるまで，世界最初の図書館ともいわれていた。現在，大英博物館には，アッシュル・バニパルの図書館のものだけで約2万個の粘土板が保管されている。それが，全体のどの程度の割合かの詳細は不明であるが，その規模の大きさが推し量られる。ニネヴェでは，このほかにも図書館と呼びうる遺構が見つかっている。

前田徹は以下のように述べる（菊池徹夫編『文字の考古学Ⅰ』同成社，2003年，p.60）。

> 前2千年紀後半以降のメソポタミアにおいては，文字には何か神秘的なもの，過去の英知が宿っていると考えるような雰囲気が生まれ，この雰囲気があるからこそアッシリアの王たちはその最盛期，自分たちが全西アジアを支配した時期に，この文字に書かれた英知を集めねばならないという行動に駆られていったのである。

為政者たちによって，「英知の収集」がはかられ，図書館が創られた。図書館の歴史のうえでは，時間的に見れば，「英知の提供」が主である時代が来る

第1章　古代文明と文字

まで,「英知の収集」が主である時代が長らく続くことになる。

なお, 水谷長志は以下のように述べる(『図書館文化史』勉誠出版, 2003 年, p.5)。

> 1960-70 年代には, 北部シリアの古代都市エラブの遺跡発掘から 17,000 枚もの粘土板が発掘され, 今日の考古学の成果は, 記録文献の集積の紀元を紀元前 2500 年にまで遡らせることになったが, これを図書館のはじまりの一つと考えてよいかは, 分からない。古代世界にあって図書館として機能したのは, アレクサンドリアの図書館が第一のものといえるだろう。

文書館と図書館の違いは, 図書館史のうえではよく取り上げられる事項である。「図書館」とは何かを, どのように定義するかで, 図書館に認定されるか否かが決まる。寺田光孝は以下のように述べる(小黒浩司編『図書及び図書館史』日本図書館協会, 2000 年, p.28)。

> 行政的・経済的な記録文書に加え, 人類の知識・学問や思想を運ぶ媒体である図書が生まれ, その集積が問題となって初めて図書館ということができる。図書館が出現するまでには, かなりの年月の文書館と図書館の境界域が明確でない, 文書館＝図書館の時代があったと考えられる。

前田が述べる「文字に書かれた英知の収集」に注目すれば, 寺田の述べる「文書館＝図書館」ということになる。

4　エジプト文明と文字

エジプトで, 統一国家が現れたのは紀元前 3000 年頃とされ, 紀元前 6 世紀後半にペルシャ帝国に滅ぼされるまで続く。31 王朝が興亡した, この 2 千数百年の間の文明を古代エジプト文明という。

エジプトでは第 1 王朝が生まれ, 統一国家が誕生した時点ですでに文字が使用されていた。最古のものは, 第 1 王朝直前の原王朝時代の王墓から出土しており, 紀元前 3100 年頃のものとされる。すでに簡単な文法をもっているため, エジプト独自のものではなく, 西アジアなど, エジプト以外の地から導入されたという考えもある。

エジプトで使用された文字は「象形文字」，つまり表意文字で，今日，これはヒエログリフ（聖刻文字）といわれている。その名はギリシャ語「hieros」（聖なる）と「glupho」（刻まれた）に由来するとされる。ギリシャ人の見たこの文字は，石でつくられた神殿の壁面や柱に刻まれていたからである。古代エジプト人は，ことばを発したり，文字に記すと，非生命体に生命を吹き込むことができると信じていたため，神殿の壁画は，文字が記されることによって，その内容が実在すると考えられた。

　なお，ヒエログリフはもともと「文字」を示す言葉であるが，後に文字体系や言語体系を示す場合にも使用するようになる。ヒエログリフという表現を使用するには，どの意味で使用するか注意が必要である。

　古代エジプト文字は，字形によって次の3つに大別される。
- ヒエログリフ（聖刻文字）
- ヒエラティック（神官文字）
- デモティック（民衆文字・民衆語）

　ヒエログリフは，神殿の壁面や柱などに刻まれ，装飾性がある。つまり，かなり凝った書体のため，速く書けないという欠点があった。そのため，より速く書くために，崩した書体，筆記体であるヒエラティック（神官文字），デモティック（民衆文字）が産み出された。主にパピルスに書かれた文字である。ヒエログリフとヒエラティック・デモティックの違いは，日本でいえば，楷書と草書の違いであるといえよう。なお近藤二郎は

　　一般にデモティックを字形の差異により，「民衆文字」と翻訳する場合が多いが，字形だけではなく言語も異っているため「民衆語」といわれるべきものである。

とする（菊池徹夫編『文字の考古学I』同成社，2003年，p.68）。

　ヒエログリフの最後の碑文は4世紀に刻まれたものである。その後，ヒエログリフを使用するなどして，その文字についての知識があった者たちが死に絶えてからは判読できなくなっていた。

　その解読の有力資料になったのがロゼッタ・ストーンである。ロゼッタ・ス

トーンは，1799年にエジプト遠征をしたナポレオン軍が発見したが，イギリスがフランスに勝利したため，戦利品としてイギリスに譲渡され，現在，イギリスの大英博物館に所蔵される。この，高さ114 cm，幅72 cm，厚さ28 cm，重さ約780 kgの，玄武岩製の石碑には，上からヒエログリフ，デモティック，ギリシャ語の順に3段で文字が刻まれていた。それを，1822年に読解したのが，ルーブル美術館の古代エジプト部門を創設したことで知られるシャンポリオンである。

ロゼッタストーン（複製・筑波大学蔵）

なお近藤二郎は，ヒエログリフが楔形文字と決定的に違う点について，以下のように指摘している（前掲書，p.99）。

　　楔形文字の書かれた粘土板文書は図書館とか文書保存庫といったかぎられた場所から大量に出てくるが，そうした場所を掘らないと出てこないことが多い。ところがエジプトの場合はどこを掘っても文字の書かれたものが出てくる。

5　パピルス

　パピルスはナイルの湿地帯で豊富に採取することができる植物である。しなやかな小片に切った茎を，直交するように交差させ，長いシートにするために少しずつ重なるようにならべる。それを道具で叩くと，樹液が出てきて，それが接着剤のはたらきをして固まる。さらに葦でつくられたペンで書きやすいように，表面を平滑にした。また，洗って，削って，インクをおとし，また叩き直して再利用された。パピルスでつくられたものは「ウンブリクス」という軸に巻きつけられ，「巻子本」の形態で保存された。その大きさは必ずしも同じではないが，ルーブル美術館にパピルスの巻物を収納する円筒形の箱が所蔵さ

れている。高さ約 23 cm，径 11 cm とされ，パピルスの大きさがうかがわれる。収納箱にいれられない場合は，軸に著者や見出しなどを記したタグをぶらさげて整理された。

　なお，パピルスについて説明するとき，それが英語のペーパーの語源であることを書かないものはないといってよい。常識といってよいだろう。

　またパピルスは，上記のように原材料から簡単につくることができるものではなかったため，高価なものであった。当然ながら，それを使用するものも限られてくる。パピルスが古代ギリシャ語で「王のもの」という意味であったのも，そのことを象徴していよう。なお「書記」という特権階級を構成する職業に就くために，寺院の付属学校で文字を学習する者たちは，安価な石灰岩や木の板を用いて練習していたとされる。

6　インダス文明

　紀元前 2600-1900 年の間，インドの西北部，ヒマラヤ山系の山岳地帯に水源をもつインダス川の流域に栄えた都市文明である。

　代表的な遺跡にモエンジョ・ダロとハラッパーがあり，整備された街並みや大浴場，排水設備といったものが発掘されている。文字と思われるものも見つけられている。それら文字資料の約 6 割は，いわゆる「インダス式印章」と呼ばれるもので，印面がほぼ正方形の印章である。上に文字，下に動物が掘られているのが一般的である。インダス文字については，文法構造はわかってきているが，語彙の解明が進んでおらず，細かな点については解読されていないのが現状である。

　なお，紀元前 1500 年頃にはアーリア人がインド北西部パンジャブ地方に住み着いたといわれる。アーリア人の宗教であるバラモン教の聖典「ヴェーダ」で使用されていた言語が，バラモン教徒たちの日常語となり，これをもととして文法家パーニニが文法規則をまとめ，補完されて成立したのが古典サンスクリット語である。紀元前 5 世紀頃のことである。サンスクリットはヒンディー語の形成に影響を与え，現代でも，インド公用語のひとつになっている。仏教，

ヒンドゥー教の宗教書がサンスクリットで書き写されるなどし，それらは日本にも伝わった。サンスクリットは，日本では「梵語」ともいわれ，そのまま外来語として使用され，日本語となっていったものも少なくない。

7　黄河文明と古代王朝

　中国では，紀元前5000-4000年頃，黄河の中・下流域に農耕文明が展開されこれを「黄河文明」という。黄河のもたらす豊かな沃土にあやかり，漢民族は「黄色」を尊んだ。伝説上，最初の帝王も「黄帝」という。

　なお，近年，浙江省の「河姆渡遺跡」で発見されていた住居などの痕跡が，紀元前4000年以前と判明し，中国の古代史が書き改められる可能性があることは付記しておく。

　さて，日本で最もよく知られている，中国の歴史書に司馬遷の『史記』がある。それには中国の歴史は「三皇五帝」から始まったとある。「三皇」とは
- 伏羲……漁労を創始する
- 神農……耕作を教える
- 燧人……火の取り扱いの技術を教える

であり，いずれも伝説上の存在にすぎない。しかし，たとえば「神農」は，日本において，江戸時代の本草学関連の図書の書名にもよく使用され，現代でも薬関係者の守護神として祀られる。さらには医学系大学の合格祈願をする神としても知られる。このように，中国にとどまらず，日本の文化にも影響を与えている。

　「三皇」の後の「五帝」では，はじめの黄帝，おわりの堯・舜がよく知られる。舜の後に帝位を禅譲された禹が開いたのが夏王朝で，「酒池肉林」で知られる

文字が書かれた亀甲（筑波大学蔵）

桀王が，殷の湯王に滅ぼされて，終焉をむかえる。

かつては，この殷王朝までが伝説と考えられていた。しかし，河南省安陽県小屯で「甲骨文字」が発見される。亀の甲羅，牛馬の肩胛骨に刻まれた文字の総称を「甲骨文字」という。それが解読されると，そこが殷王朝の首都と判明し，「殷墟」と呼ばれるようになる。殷王朝の存在が確定以後は，夏王朝も存在したのではないかと考える人も少なくない。

8　中国の「結縄」

『易経』（繋辞伝下）に次の記述がある。

　　　上古結縄而治，後世聖人易之以書契。

昔は「結縄」を使用していたが，後に「書契」つまり文字を使用するようになったというのである。「結縄」とは，縄を結んだりしたものを記録のために用いることである。

「結縄」（キープ）は，文字が使用されなかったとされるインカ帝国で用いられた記録・記憶手段でもある。基本となる1本の縄に，他の色つきの縄をたらしたり，結び玉をつけ，縄の色，結び玉の位置，結び方によって記録した。似たようなものとして，木片や骨片に刻みをつける方法がある。その結び玉や刻みのありようが記憶的記号の役割を果たしていた。ただし，縄のみを使用した方法で表現できることは限界があり，数量といった，単純なことがらであったと考えられる。

なお，『隋書』（和国伝）に，日本には文字がない，ただ木を刻み，縄を結ぶのみである，とある。また，結縄は沖縄にもその例がみられる。「わらざん」と称されるもので，かつて支配者に文字の学習を認められなかったゆえの発明とされる。

考古学上，「結縄」は発見されていないようだが，つまり伝説にすぎないかもしれないが，使用された可能性を完全に否定することはできない。

9　中国の文字創世伝説

「諸子百家」の『荀子』『韓非子』などに文字創成伝説が載る。黄帝の時代, 記録に関する官職にあった「倉頡」は, 獣や鳥の足跡を観察して, 文字を創りだした, というのである。なお, この伝説は日本においても「往来物」などに記されることによってよく知られていた。アーネスト・M・サトウに勧められて, 大英博物館に寄贈された『尾蠅欧行漫録』には, その著者市川清流（→75ページ）によって次の詠歌が記されているという。

　　　　たち隔つ浪路はるけき磯の辺に鳥の跡をも知る人ぞ知る

海外に「鳥の跡」すなわち自分の著作を知っている人がいる喜びを詠んだものである。

さて, 中国で確認されている最古の文字は「甲骨文字」である。後漢代の許慎『説文解字』には, 漢字の分類「六書」（象形・指示・会意・形声・転注・仮借）がすべて備わっているとされ, 字数も多く, かなり体系化されたものである。つまり, 基になるものがなく, このような完成したものが生み出されたとは考えがたい。

仮に「倉頡」が実在したとしても, 1人で多くの文字を創り, 体系化するのは不可能であろう。文字の起源については不明だが, 殷王朝より前に, 文字が生まれていたことは間違いあるまい。

1899年, 甲骨文字は発見された。1928年, 中央研究院歴史言語研究所によって殷墟の発

『童子往来百家通』慶応4年　蒼頡鳥の跡を見て文字を作る図

掘調査が開始されるなどして研究が進められている。その発見から100年以上が経過した今日，約4600の文字の確認，約1000字が解読されている。

10　アルファベットの成立

　今のシリア・レバノン・パレスチナ周辺は，地中海に面する港があり，メソポタミアとエジプトを結ぶ陸路に位置する。そのため大国の侵略を受けていた。紀元前1500年頃にはカナーン人が活躍していたが，紀元前13世紀末頃から「海の民」が侵入してくる。これによって，エジプトやヒッタイトが後退，クレタやミケーネも衰える。大国の干渉がなくなった結果，フェニキア人が活発な交易活動を始めることになる。フェニキア人は，ポエニ戦争（紀元前264-146年）でローマに滅ぼされるまで，1000年間ほど地中海貿易を独占した。

　まずカナーン人は，エジプトの象形文字を自分たちの言語の発音にあわせて「原カナーン文字」を作成する。無意味な記号と無意味な音が結びつくことによって生まれた，わずか数十個の文字で，一民族の言葉をすべて表現できることになっていくのである。

　商業をするうえでは，実用的な，単純な文字の表記法を必要としたフェニキア人は，それをもとにフェニキア文字を作成する。フェニキア文字は，地中海貿易を通じて，ギリシャ人に伝わり，ギリシャ文字が生まれ，ローマ字のアルファベットができる。

　またアケメネス朝ペルシャ帝国で公用語となったアラム語を記録するために，フェニキア文字をもとにアラム文字がつくられる。紀元前9世紀頃から使用され，その後楔形文字に取って代わり，ヘブライ文字，アラブ文字になっていったのである。

第2章
四大文明以後の古代文化

　四大文明以後，西洋ではギリシャ，ローマの文化が発展し，また宗教的にはキリスト教の影響を強く受ける。一方，東洋では秦の始皇帝によって中央集権的な国家が誕生し，文化が発展する。ここでは，時代背景と四大文明以後の古代文化における図書及び図書館文化について把握する。

1　ギリシャ文化
　紀元前8世紀頃，ギリシャでは，ポリスが形成されはじめ，これが市民共同体へと変化し，民主政治が生まれる。民主主義，すなわちデモクラシーとは，ギリシャ語のデーモス（民衆）とクラティア（支配）による。

　西洋古典文学といえば，まずギリシャのものがあげられるほど，ギリシャの文学遺産は豊かなものである。二大叙事詩とされる「イリアス」「オデュッセイ」は，紀元前8世紀頃，ホメロスが著したものとされる。紀元前5世紀頃の三大悲劇詩人アイスキュロス，ソフォクレス，エウリピデスのギリシャ悲劇もある。とくにエウリピデスの「メディア」は，今日よく使用される「メディア」という言葉の性格を知るうえで無視できない。

　この他「科学的医学の祖」と称されるヒポクラテス，「歴史の父」と称されるヘロドトスなどもいる。ヘロドトスは『ペルシャ戦争史』を著し，「エジプトはナイルの賜物」と述べたことで知られる。

　また「ギリシャ哲学」という言葉があるように，偉大な哲学者が活躍した。「自然哲学の創始者」とされるタレース，「ピタゴラスの定理」で知られるピタゴ

ラス,「人間は万物の尺度」と述べたプロタゴラスなどの活躍の後,知を愛するという意味である「フィロソフィー(哲学)」という言葉を創ったソクラテス,その弟子のプラトン,その弟子のアリストテレスが登場する。

プラトン『パイドロス』によれば,ソクラテスは文字に対して否定的で,文字を書かなかったとさえいわれている。しかし,ギリシャ哲学の発展は,記憶を助けるためではなく,知識を蓄えるために文字が使用されたことによるところが大きい。プラトンは「アカデミー」の語源となったアカデメイアという学園をたてる。アリストテレスは「リュケイオン」という学校を設立する。ここに図書館があったとされるが,委細は不明である。しかし,図書館の歴史のうえでは,いわゆる「学校図書館」として注目されてきた。学問の進歩は,知識をまとめた図書をうむことになり,図書が多くなれば,それを管理する方法や施設をうむことになった。

なおアリストテレスに学んだのがアレクサンダー大王である。彼によってギリシャ文化はインドまで伝播する。またイスラム圏で研究された学問のひとつが,アリストテレスによって体系化された学問とされる。

またギムナシオン(体育館)の付属図書室も少なからず発掘されていることを付記しておく。

2　アレクサンダー大王

ギリシャ世界に大きな影響を与えたのがアケメネス朝ペルシャの遠征である。それは,紀元前492年,紀元前490年,紀元前480年と,3次にわたり行われた。ギリシャは,その戦いに勝利するものの,その後,内部抗争で衰退していく。紀元前338年には,バルカン半島北方にあった部族国家マケドニアのフィリッポス2世がギリシャのすべてのポリスを支配する。その息子がアレクサンダー大王(アレクサンドロス3世)である。紀元前333年には,ペルシャ領であったシリア,エジプトを征服,紀元前330年には,アケメネス朝ペルシャを滅ぼす。アレクサンダー大王は,東方遠征を終えてバビロンに戻ってまもなくの紀元前333年に没し,エジプトの都市アレクサンドリアに葬られる。

この時代のことをあらわすために，近代の人が，「ギリシャ風の」という意味で「ヘレニズム」という言葉を創った。ヘレニズム時代の経済・文化の中心がアレクサンドリアであったのである。

3　アレクサンドリア図書館
　アレクサンドリア図書館は，図書館の歴史上，最も有名な図書館のひとつである。その「伝説」というべきものは残っているが，しかし，その起源や歴史について書かれた古文献は残っておらず，まとまった遺跡も発見されていない。つまり，確かなことはわからないのであるが，歴史上の意義は高く，さまざまな考察等が行われてきた。日本でも以下の翻訳図書が刊行されている。
　エル＝アバディ，松本慎二訳『古代アレクサンドリア図書館』中公新書，
　　1991年
　ルチャーノ・カンフォラ，竹山博英訳『アレクサンドリア図書館の謎』工作
　　舎，1999年
　デレク・フラワー，柴田和雄訳『知識の灯台―古代アレクサンドリアの図書
　　館の物語―』柏書房，2003年
　この他，逸身喜一郎『古代ギリシャ・ローマの文学』（放送大学教育振興会，1996年），箕輪成男『パピルスが伝えた文明ギリシア・ローマの本屋たち』（出版ニュース社，2002年）やマシューバトルズ『図書館の興亡　古代アレクサンドリアから現代まで』（白須英子訳，草思社，2004年）においても取り上げられる。以下，これらを参考に，簡単にまとめる。確実なことは不明で，多くの推論がなされているのが現状で，委細は，上記の文献を見ていただきたい。
　ヘレニズムの時代に入ると，紀元前3世紀プトレマイオス2世は，学芸の女神ミューズの神殿を意味する「ムセイオン」を設立した。今風にいえば「学術研究センター」のようなものである。それに付属する施設として創設されたのが「アレクサンドリア図書館」である。紀元前48年，カエサルとプトレマイオス8世との戦火で一部が消失した。アントニオがその穴埋めに，ペルガモン図書館の書物を提供したという伝説がある。

アレクサンドリア図書館は，図書を収集し，それを蓄積し，註など加工を施し，利用する，といった機能をもった。まだ印刷技術がない時代であるから，収集の仕方は本を写すことによった。「船舶版」「キオス版」「シノープ版」などと，いろいろと名づけられた写本群をもつほど，その収集政策は規模が大きく，その収集は半端なものではなかった。また単に本が写されるだけでなく，翻訳などが付け加えられた。さらには，蔵書管理のための目録だけでなく，図書館利用者のための目録も備えられていた。カリマコスが作成した「ピナケス」という目録は120巻にも及んだという。

　このように「西洋の学術図書館の原型」とまで評価されるにふさわしい図書館であり，図書館史上，忘れてはならない図書館のひとつである。

　さて，この他，紀元前2世紀アッタロス朝は，長くは続かなかったが，エウメネス2世はペルガモン図書館を創設した。蔵書は20万巻に及んだとされる。なお，この図書館に関して注目されるのは，羊皮紙のことである。敵対関係にあったエジプトが，この国にパピルスの輸出禁止をしたため，代用品として羊の皮を使用した。これが4世紀以降の書物の主流を占める羊皮紙本の起源となったともいわれる。

4　周・秦の時代

　周が殷を滅ぼしたのは，紀元前11世紀後半とされている。その後，紀元前770年に洛陽に遷都するまでを西周時代，以後，秦に滅ぼされるまでを東周時代とする。東周時代は，春秋時代，戦国時代に分けられる。戦国時代は，貴族制から官僚制に移行するとともに，「諸子百家」が輩出する。

　さて，西周時代にも甲骨が用いられたが，青銅器に銘文が記されるようになる。それにともない，字体も変化する。

　紙が発明される以前，竹や木の細い板に文字を書いた。「簡牘」という。「簡」は竹の板，「牘」は木の板である。これを皮や糸で綴じて巻物にした。また，この巻物を「策」とか「冊」とかいう。本の数の単位「冊」はここからきており，もともとは板を綴じた形からできた字である。この「冊」の字が甲骨文字にあ

ることから，簡牘は殷の時代にすでに使用された可能性が指摘されているが，出土品の最も古いものは戦国時代のものである。なお，日本の「紙」（かみ）は「簡」（かん）の音によるものとする説もある。

甲骨や金石は刻んだ情報を書き換えるのが困難であるが，簡牘は，墨で書かれた部分を削るなどすれば書き直しが容易である。さらに大量に安く入手しやすいものであった。また以前からの記録に新しい記録を足すとき，竹簡ならば，編み足し続けるのが容易である。こうしたファイル機能もあった。

簡牘（筑波大学蔵）

官僚制のもと行政文書の増加，諸子百家などの著作など，戦国時代は，簡牘の書籍が増加した時期であり，文字も書きやすいように変化した時期である。

紀元前221年，秦の政王が中国を統一し，王の称号を皇帝に変え，はじめての皇帝，つまり始皇帝となる。始皇帝は，支配地域の文字が異なると行政上差し障りがあるので文字の統一をはかる。また言論統制も厳しく，政治批判した儒家たちを穴に生き埋めにし，書物を焼いた。「焚書坑儒」といわれ，中国の書籍の歴史のうえで「五厄」の最初にあげられるものである。ちなみに，日本では，明治政府が，方言では出身地が異なるとコミュニケーションがはかれないため「標準語」を制定して統一をはかり，また「新聞紙条例」や「讒謗律」の公布による弾圧という言論統制が行われている。「繰り返される歴史」といえよう。

始皇帝の死後，秦を滅ぼしたのが項羽と劉邦である。その後，2人は覇権を争い，項羽を破った劉邦が漢王朝をたてる。この時代で注目されるのが紙の発明である。425年になった『後漢書』（蔡倫伝）によれば，105年に蔡倫が発

明した。もっとも考古学の発展のおかげで，蔡倫以前の紙（麻紙）が出土している。1957年，西安灞橋前漢墓で発見された紙は，前漢武帝の頃のものとされ，紀元前2世紀には製紙技術があったと考えられている。ただし前漢時代の紙は，文字が書かれていることが少

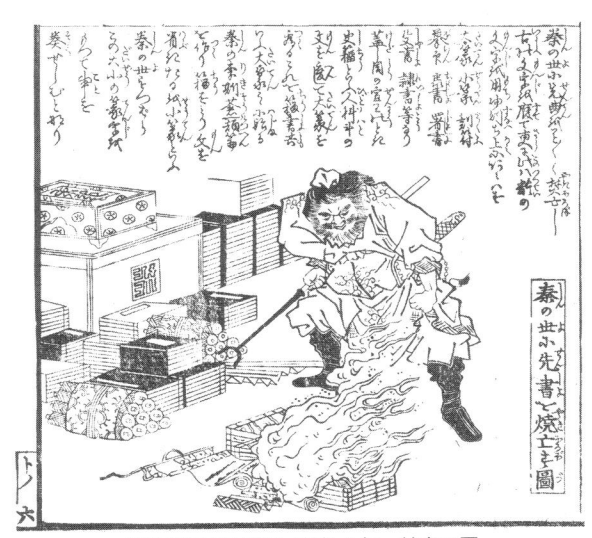

『童子往来百家通』慶応4年　焚書の図

『寺子屋読書千字文』（江戸期刊）右に筆・紙・墨・硯の説。左上に蒼頡

第2章　四大文明以後の古代文化　27

なく，鏡など物を包むのに用いられたようである。

　なお，8世紀半ば，サラセン帝国が，サマルカンドに連れて行った中国人捕虜のなかに製紙技術者がおり，紙の製造法が近東諸国に伝えられ，後にバグダットで紙の製造が行われたとされる。紙の製造法が伝えられることによってイスラム教徒たちの文化は長足の進歩をとげることができたとされることを附記しておく。

5　古代ローマ

　その建設時期については諸説あるものの，紀元前6世紀頃から貴族共和制をしいて発展したのがローマである。イタリア半島を治めた後，地中海貿易に乗り出し，同じく貿易大国だったカルタゴと衝突，3回にわたるポエニ戦争が展開される。紀元前146年，カルタゴは滅亡する。その後，権力抗争が激化するなどして100年間ほど内乱が続くことになる。そうしたなか，カエサルが頭角を現し，紀元前59年，共和制時代のローマの最高位「コンスル」（執政官）に就任，その後，「ディクタトル」（独裁官），「インペラトゥール」（最高軍指令官）となるが，紀元前44年に暗殺される。

　ローマは，マケドニア，シリア，エジプト，いわゆるヘレニズム三国も滅ぼしていく。エジプトを滅ぼしたのがオクタヴィアヌスで，紀元前27年，彼はアウグストゥス（尊厳者）の称号を元老院より贈られる。以後，オクタヴィアヌスは事実上の帝政を始め，その後，「パックス・ロマーナ（ローマの平和）」といわれる時代となり，約2世紀にわたり繁栄する。しかし，3世紀になると軍人皇帝が乱立し，中央権力が衰退する。その後，ディオクレティアヌス帝が登場し，皇帝の権威を強化，専制君主制が始まる。330年には，首都をビザンティウムに遷し，コンスタンチノープルと改称する。以後，375年，ゲルマン民族の大移動が開始され，395年にローマ帝国が東西に分裂し，476年に西ローマ帝国が滅亡する。東ローマ帝国は，コンスタンチノープルの旧名ビザンティウムに由来したビザンツ帝国として1000年間も続く。

　さて，古代ローマ時代，まず知られるのは，ルクルス・スルラという将軍が，

オリエントなどから戦利品として持ち帰った写本を飾ったとされる個人図書館である。またカエサルは公開図書館を建設しようとしたが，暗殺されてしまう。しかし，カエサルと親しかったアシニウス・ポリオが，自由神殿のなかに図書館を設置した。以後，ローマ皇帝は，いわばローマの「市民サービス」として公共的な図書館を建設した。アウグストゥス帝のオクタヴィア図書館，トラヤヌス帝のウルピア図書館，ハドリアヌス帝のアテネの図書館，コンスタティウス帝の帝室図書館などである。これを担当する図書館行政官も，遅くとも紀元前2世紀には確立されていた。

なお，小林雅夫は以下のように指摘する（『古代ローマの人々　家族・教師・医師』早稲田大学，2005年，p.136）。

> 知識や技術を医療の現場で実演や口頭で伝授するこの教育方法は，古代世界では書物に直接触れることが非常に限られていたことからも必要であった。書物を書き写すことに多くの苦労と経費が必要な世界では，重要な医学文献を入手できたのは富裕者だけであり，しかもかれらでさえ，特に大都市あるいは大都市周辺に居住していなかった場合には，そういった著作に触れることは困難であった。その結果，テキスト不足は大図書館，特にアレクサンドリア，ペルガモン，アテナイ，ローマ，エフィソスの図書館の重要性を高めたのである。

また，この時代に書籍業者が登場する。アッティクス，ゾシー，ヴァレリアヌスなどである。それだけ書籍の需要があったのであり，私文庫も，文人キケロ，博学者ヴァロ，哲学者セネカ，医師サモニケスなどのものが知られる。

6　キリスト教と図書館

メソポタミアの遊牧民であったヘブライ人は，紀元前1500年頃，パレスチナに定住した。パレスチナでは，ユダヤ教が信仰を集めていた。戒律を重視しがちのなかで，イエスが登場し，彼が説く「福音」は，弱く貧しい者たちを救済する内容であったため，民衆の支持を得る。一方で支持を失ったユダヤ教の祭司らはイエスを反逆罪を犯したとしてローマ総督ピラトに訴え，イエスは十

字架にかけられて殺される。

　しかし，イエスの12人の弟子である「十二使徒」が，後の初代ローマ法王になるペトロを中心に伝道につとめ，ギリシャ諸都市やローマにまで教会がつくられるほど広まっていく。キリスト教徒は，はじめユダヤ人がほとんどであった。神は，ユダヤ人と旧い契約（旧約）を廃して，イエスを遣わして全人類と新しい契約（新約）を交わしたと考えたため，ユダヤ教の『旧約聖書』と使徒らの『新約聖書』が，キリスト教の聖典となる。

　「聖書」を意味する「バイブル」の語源は，ギリシャ語の「ビブロス」であり，これは「パピルス」による。イスラムの聖典「コーラン」はもともと「読誦されるもの」という意味で口頭で伝えられるメッセージであるのと対照的に，「聖書」はまさに書かれた物であることが重要なのである。

　ネロ帝やディオクレティアヌス帝はキリスト教徒に大迫害を加えるが，313年，ローマ皇帝コンスタンチヌス1世のミラノ勅令発布により，キリスト教の信仰・伝導が許された。そのことにより，その関係の施設が設けられた。そのなかに修道院図書館，大学図書館がある。またコンスタンチヌス1世も皇帝大図書館を設け，キリスト教，法律，歴史の文献を多く収集し，それは東ローマ帝国滅亡まで維持されたとされる。

　初期のキリスト教の教父たちのなかには私文庫を持っていたものがいた。それが個人的なものでなくなったのは，6世紀以降共住生活を営む聖アウグスティヌス会や聖ベネディクト会など修道院が発達したことによる。

　「聖書」や「典礼書」は，修道院の人々にとって，読み捨てにされる消耗品ではなく，繰り返して読まれる，精神的に，実用的に必要不可欠なものである。だからこそ，修道院においては，知的労働（読書）と肉体労働（写本づくり）が義務化された。修道院は学問所でもあったのである。貴重な書物は大切に保管された。蔵書数は多くて500-600冊と量的には多くないが，モンテ・カッシーノ，リュクスイユ，ボッビオ，ザンクト・ガレン，フルダなどヨーロッパ各地に建設された意義は大きい。

　さて，その後，官吏や司祭が必要となり，その養成のための職能教育が，宮

廷付属学院や司教座聖堂付属学校，修道院付属学校で行われるようになる。

7　隋・唐・宋の時代

　589年，隋の文帝（楊堅）が中国を再統一する。文帝は，中央集権的律令体制を整備し，学科試験による官僚を採用する「選挙」をはじめ，これが後に「科挙」と呼ばれる。この試験のために必要とされる写本が多く生産された。また，文帝は，全国各地にあった書籍を収集し，宮廷の蔵書を充実させた。文帝の子煬帝も，書籍収集のほか，副本を作成するなどして蔵書を増やし，東都の観文殿の書庫など，西京と東都に数十カ所の書庫を設けた。西京の嘉則殿の蔵書は37万巻に達したという。また，その目録書も作成されるなどした。政治的に問題のある「緯書」は焼かれるなどもしたが，『宋史』（芸文志）に，歴代王朝の書籍は，秦ほど難にあったことがなく，隋ほど豊富であったことがない，と記されるほどであった。

　煬帝は，大規模な土木事業によって民衆を酷使するなどしたため反乱が頻発し，暗殺された。煬帝の死後，その蔵書は焼かれるなどし，嘉則殿の蔵書37万巻も唐代初期には8万巻しか残っていなかったという。

　618年，李淵（高祖）が唐を建国し，長安を都とする。木版印刷術の発明時期についてはさまざまな説が出されているが，唐の時代に始まったとする説が有力である。1900年に敦煌で発見された『金剛経』は，868年に印刷されたものである。刊年が印刷された最古の木版印刷物である。なお。1966年，韓国で発見された『無垢浄光大陀羅尼経』は，704年から751年の間に印刷されたものとされ，現存最古の印刷物と考えられている。

　626年に即位した太宗は，教育事業を重視し，さまざまな学校が新設され，書籍の需要も高まった。その結果，出版業者も出現している。しかし，支配階級においては写本が主流であった。

　歴代が書籍を集め，僖宗（在位873-888）のときには7万余巻の蔵書があったという。それも戦乱にあい消失や散逸した。また科挙制度により，個人でも多くの蔵書をもつ者が出てきたのもこの時代である。

907年，唐は朱全忠によって滅ぼされ，「五代十国時代」といわれる混乱期に入る。この時代になると支配階級も儒教の経典を印刷するようになる。五代監本「九経」がそれである。これは，国家による出版事業の端緒となり，印刷本の権威を高めることになる。その結果，写本重視から印刷本に移行していくことになる。

　979年，宋の太宗によって統一される。宋は文治主義をとり，科挙が重視される。この時代の出版事業は，国も民間も盛んで，多くの書籍が生産されている。国子監で出版された書籍の版木は，「賃版銭」を納付すれば，民間業者が借り受けて出版することも可能であった。また民間業者が出版する書籍は，国に申請すれば保護され，「この本はすでに国に申請したものであり，この複製を許可しない」，といった旨の「版権」を示す記述がなされ，無断複製は罰せられた。

　宋は女真族の金によって占領されたが，1127年，江南に逃れた高宗が南宋を建国し，宋の文化は受け継がれていく。

第3章
中世文化・近世文化

　イスラム教のひろまりとその文化，またルネサンスが注目され，とくにグーテンベルクの活版印刷術は，その後の図書文化に大きな影響を与えた。そうした時代背景と中世・近世における図書及び図書館文化について把握する。

1　イスラム

　メッカ出身のアラブ人マホメットがイスラム教を開いたのは，7世紀初頭とされる。622年，多神教の人々にメッカを追われるが，後に教団を拡大し，メッカを征服し，アラビア半島を統一する。マホメット死後，カリフと呼ばれる指導者のもと，イスラム勢力は拡大し，651年，ササン朝ペルシャを滅ぼし，661年，ウマイヤ朝が開かれ，ビザンツ帝国から，エジプトとシリアを奪うなどして，8世紀になると，ウマイヤ朝の領土は最大となる。その後，イラン民族を中心に革命が起こり，750年にアッバース朝が生まれ，追放されたウマイヤ朝のカリフは756年に今のスペイン南部に後ウマイヤ朝をたてる。アッバース朝は，ウマイヤ朝の首都ダマスクスに代えて，新しい首都バグダッドを建設する。10世紀になるとエジプトでファーティマ朝がたてられる。11世紀半ばになるとセルジューク・トルコ帝国がバグダッドを支配することになる。また，小アジア西北部に，13世紀末，オスマン・トルコが誕生し，1453年，ビザンツ帝国を滅ぼす。さらに，1529年には，ローマ帝国の首都ウィーンを包囲するほどにまでなる。16世紀には，オスマン朝(1299-1922)の他，イランにサファヴィー朝(1501-1736)，インドにムガル朝(1526-1858)があり，イスラム世

界の歴史上最盛期を迎える。しかし，18世紀以降は欧米の圧迫を受け，国が興亡して，今日に至る。アラブ人，イラン人，トルコ人らの王朝によって広まったイスラム教は，現在，その信徒が約10億人ともいわれている。

さて，イスラム教の寺院を「モスク」という。ここは礼拝する場であるとともに，イスラム教の聖典「コーラン」（クルアーン）を学ぶ場であり，さらには学習する場ともなる。ここに「コーラン」などの写本が集まり，図書館が形成されることになる。1965年，イエメンの首都サヌアの大モスクの修復の際に発見された保管室からは，7世紀のものも含む，コーランの写本の断片が約4万点発見されている。

「最盛期」といわれる，オスマン朝，サファヴィー朝，ムガル朝の時代は，各王朝ともに豊かであり，王侯貴族がパトロンとなって書道家や装飾家の活動を支援したため，芸術性高い写本が製作された。また，装飾がほどこされるなどした付加価値をもつ写本は「宝物」であるとともに，その所持は，地位の象徴でもあった。サファヴィー朝第2代王タフマースブ1世（在位1524-1576）が設けた宮廷写本工房では，書道家，紙職人，装訂家など，複数の専門の職人の分業体制で製作された。その質が，当時としては最高のものであったため，他の王朝も模倣につとめる。オスマン朝では，15世紀後半にメフメト2世の命により，イスタンブールのトプカプ宮殿内に写本工房が設けられ，写本が製作される。オスマン朝崩壊後の1924年，トプカプ宮殿は博物館となる。そこには王家の書物が2万点以上おさめられ，そのなかには，イスラム世界各地で書かれたコーランの写本が2000点以上含まれる。これらは「宝物」として扱われたと考えられるが，形態的には「書物」である。これらをおさめたトプカプ宮殿内の宝物庫は，書庫であり，王室図書館としてみなすことができよう。

イスラム勢力があった地域は，東西文明の交差するところであり，多くの民族や文明を取り入れて，イスラム文化は発展した。813年，アル・マムン王がバグダッドに建てた「知識の家」には，アラビア語に翻訳されたギリシャ古典などが大量に所蔵され，1258年，モンゴル帝国に破壊されたときに，「蔵書の山がチグリス河，ユーフラテス河を埋め尽くした」といわれた。しかし，印刷

の普及は遅かった。コーランの写本製作がさかんに行われ、その技術が発達したことが、新しい技術の普及を妨げた。ヨーロッパでは、1538年にすでにコーランが印刷されたが、カイロの印刷所でコーランがはじめて印刷されたのは1924年のことであった。

2　ゲルマン民族の国

　ゲルマン民族が大移動し、ゲルマン人が建国したなかでは、東ゴート王国とフランク王国が強国であった。555年、東ゴート王国はビザンツ帝国に征服される。フランク王国は分裂・統一を繰り返すが、カール大帝が統一する。800年には、ローマ法王がカール大帝にローマ皇帝の冠を授け、「西ローマ帝国の皇帝」と認めた。以後、ギリシャ・ローマ文化、ゲルマン文化、キリスト教文化が融合し、中世ヨーロッパ文明の幕開けとなる。

　カール大帝死後、分割相続され、それが今日のフランス、イタリア、ドイツとなっていく。

　11世紀後半、セルジューク・トルコ帝国に攻められたビザンツ帝国は、ローマ法王を通じて、ヨーロッパ諸国に援助を求める。キリスト教の三大聖地のひとつエルサレムをイスラム教徒から奪回するために、1095年、法皇ウルバヌス2世が遠征に参加する騎士などを募り遠征する。これが十字軍の遠征とされるもので、この遠征は、1270年の第7回まで行われる。

　十字軍遠征はイタリアの海港都市ヴェネチア、ジェノバなどを豊かにし、さらにアジアとの貿易が拡大し、内陸でも通商が活発になる。その結果、中世都市が成長、「商業ルネサンス」が興る。

　12世紀頃になると、地域社会での必要に応じて大学が生まれてくる。

　まず11世紀末、自治都市ボローニャではボローニャ大学法学部が生まれる。商業活動が盛んであったことが背景にある。また、12世紀には、パリ司教座聖堂からパリ大学神学部が生まれる。

　中世の大学での学習は、テキストほか文献を必要とした。そのため写本を生業とする書士も誕生した。また、その指定テキストなどを購入するための書籍

商も大学周辺にあったが，借用するための図書館もまた大学に不可欠であった。13世紀になると，ソルボンヌ学寮の図書館をモデルとして，オックスフォード，ケンブリッジで学寮図書館が成されることになる。

そして中世末には，挿図や映画によく見られる，書見台方式や重要な図書を鎖に繋ぐ，いわゆる「鎖に繋がれた図書館」が，図書館で見られるようになるのである。

なお15世紀，図書収集家として知られるニコラウス5世が設置したヴァチカン図書館が，聖職者と学者が利用する，いわば「専門図書館」として注目される。

3 モンゴル帝国

1206年，チンギス・ハンがモンゴル部族を統一，モンゴル帝国ができる。その子孫らが勢力を広げ，1258年，バグダッドのアッバース朝を滅ぼし，シルクロードの端から端までをおさめる。

その後，チンギスの孫フビライのハン（王）位継承をめぐって内紛が起こり，4つに分裂した。フビライは，1271年，元に国号を改め，1279年には南宋を滅ぼし，中国を統一する。

1040年頃，畢昇が膠と泥で素焼きの活字をつくったとされるが，注目されるのは，1312年頃，農学者王禎が木活字印刷を研究し，創始したとされることであろう。西洋に関心の深いものにとっては，後で述べるグーテンベルクの活版印刷術に注目しがちだが，文化史的には，ここでの発明が後々の印刷技術の起点という意味で重要である。ついでに述べると，1230年頃，高麗で銅活字がつくられたとされ，1403年，王立の活字鋳造所が設立されている。

なお，モンゴル帝国分裂後，中央アジアを治めていたチャガタイ・ハン国は，14世紀後半に内紛により衰退し，1370年，トルコ系のチムールがそれを征服する。征服によって広大なチムール帝国ができるが，チムールの死後に分裂し，1500年にウズベク族に滅ぼされる。

4　ルネサンス

近世のヨーロッパ文明の発端とされるものは次の3つである。
- ルネサンス
- 地理上の発見
- 宗教改革

以下これらについて述べると，カトリック教会が大きな力をもっていた中世は，「神」と「来世」が思想の中心であった。ルネサンス（再生）とは，再び「人」と「現世」を中心に据えることである。それは，ダ・ヴィンチ，ミケランジェロ，ラファエロという，後に「ルネサンス三大巨匠」と称される芸術家をうむ。

ルネサンスは，具体的には，14世紀末，イタリアの都市国家を中心に始まった，ギリシャやローマの古典を中心とする文芸復興運動のことである。それが結果として各国の「国語」を確立することになる。それまでのヨーロッパでは，ラテン語が主であったが，ダンテの『神曲』はイタリアの俗語で書かれた。その後，ヨーロッパ各国で，その国の人を読者対象とする文学が，その国の言葉で書かれるようになり，言語が整理され，今日のそれぞれの国の「国語」となっていく。

イスラム教徒の長期にわたる戦いは，羅針盤や造船技術をヨーロッパにもたらし，海路でアジアと貿易を直接しようという動きとなっていく。大西洋を舞台として，「大航海時代」「地理上の発見時代」とされる時代が来る。

1487年，ポルトガル人はアフリカ最南端の「喜望峰」の発見をはじめとして，ヴァスコ・ダ・ガマのインドのカリカット到着，コロンブスのアメリカ大陸の発見，マゼランの世界就航などは，よく知られたことであろう。また「大航海時代」を理論的に支えた天文学者に，地動説を唱えたコペルニクス，ガリレオらが出る。

キリスト教会のなかには，腐敗し，堕落したものもあったため，中世にもそれを批判する動きはあったが，ルネサンスを契機として，それが大きな動きとなる。具体的には，神と信徒の間に存在する，カトリック教会の独占的な権威を否定した。

1517年，ドイツの修道士・神学教授ルターは，法王レオ10世が発行したサン・ピエトロ聖堂修築資金のための免罪符を批判し，反響を呼ぶ。ドイツでは次第に支持され，「ルター派」を形成する。ローマ皇帝カール5世は，はじめルター派を黙認，後に禁止する。これにルター派が抗議したため，新教徒を「プロテスタント（抗議する者）」というようになる。

　なおルターの思想の伝播に印刷書籍の果たした役割は大きい。森田安一によれば，ドイツでは

　　　1510-1517年に出版された書籍1710種のうち39.4％が宗教書
　　　1518-1520年に出版された書籍1680種のうち61.6％が宗教書

であり，増加した宗教書の54.7％がルターの著作であるとする。そして以下のように述べる（『ルターの首引き猫　木版画で読む宗教改革』山川出版社，1993年，p.24）。

　　　こうした数値から判断するかぎり，ルターの思想が印刷書籍を通じて伝播したことは疑いをはさむ余地なく，「書籍印刷なくして，宗教改革なし」という表現は誇張ではないといえよう。

　このように宗教改革に大きな影響を与えた書籍の印刷術はグーテンベルクによるものである。

5　グーテンベルクの活版印刷術

　15世紀，グーテンベルクの活版印刷術が発明される。グーテンベルクの開発した技術ではじめて印刷された本は，1455年の『四十二行聖書』と称されるものである。1段42行の2段組であったことによる。イニシャルと称される，章や節のはじめにくる単語の1字めの特大の飾り文字の部分，章の番号など，写本で朱書される部分，文様などは手書きであった。写本と同じようなものをつくることをめざしたためである。印刷術という新しい技術が生まれても，いきなり既成の社会や文化から自由であることはできなかったのである。しかし，活版印刷術の普及につれて，印刷が主流になっていく。

　図書の所有者は，初期には権力や富をもった王や貴族など個人であったが，

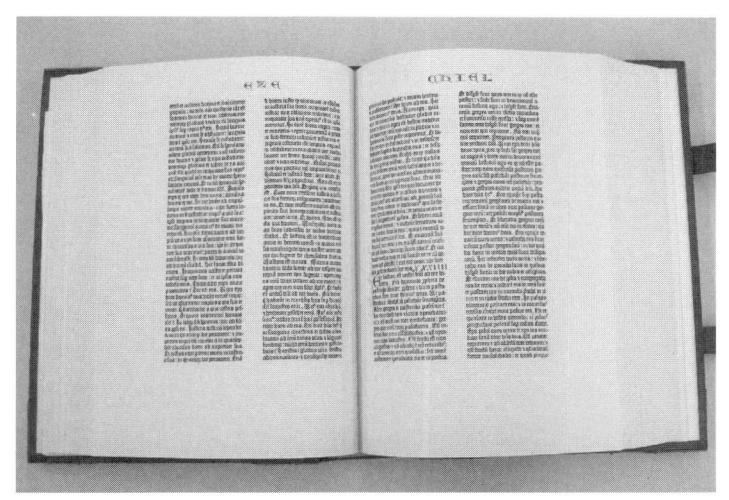

四十二行聖書（複製・筑波大学蔵）

　中世になり，修道院や大学という集団のものとなる。このおりは，宗教，学問という共通の基盤があったが，活版印刷術により，図書が一般のものとなると，それぞれの民族文化のなかで図書のありようも分化していく。また図書が大量生産されるようになると，個人の私的文庫といったところでは管理できなくなり，公共図書館，それも国立図書館の必要性が出てくる。そのことは，いわゆる参考図書がこの時期に多く著されたことでもうかがえる。国家がどのような社会制度や社会構造，また社会文化をもつかによって，その影響を強く受ける図書館のありようも大きく異なる。

6　ヨーロッパの王・諸公の図書館

　宗教改革によって，修道院や大学が衰退する一方，王や諸公が栄えたため，彼らが次のような豪華な図書館を建てる。これら図書館の司書であった，ニッコーリ，ラスカリス，ビュデ，ブロティウス，ジェームスなどは，王侯の文化参謀としての活動も注目される。各国の主な図書館を以下にあげる。
　イタリア……マルティアーナ図書館〜ニッコロ・ニッコーリ旧蔵書から成る

　　　　　　ラウレンツィアーナ図書館〜メディチ家
　　　　　　アンブロジアナ図書館
スペイン……エスコリアル図書館
フランス……フォンテーヌブロー王室図書館
ドイツ………ミュンヘン大公図書館
　　　　　　ウィーン宮廷図書館
イギリス……ボドリ図書館

第4章
近世期以後の欧米図書館

　ここでは，主に近代までのヨーロッパの主要国とアメリカの図書館の歴史について把握する。

1　イギリス

　図書館らしきものがひろまる時点では，キリスト教関係者が関与することが多い。イギリスにおいては，キリスト教の聖職者やその信者の寄付による図書館が，1586年，ノリッジにつくられている。なお，この地には，1656年，会員制図書館ができている。会員制図書館は，18世紀になると，かなり普及する。1841年には最大の会員制図書館とされるロンドン図書館が創設されていることは，イギリスの図書館史においては注目される。

　17世紀の前半になると，教区立無料図書館や教区民図書館を設けた国教会の活動がとくに注目される。そして17世紀末になると，ブレイが登場し，教区図書館を提唱，その考え方は教会関係組織に継承され，1709年成立の教区図書館維持法となり，イギリスではじめての図書館立法となった。

　図書館は学校の設立と密接な関係にあるが，イギリスにおいても，1583年にエジンバラ大学が設置され，それにともなって図書館も設けられた。その後，18世紀後半になると，バーミンガム，マンチェスター，リバプール，シェフィールドに大学が創設されるとともに，図書館も設置されている。また，19世紀中頃には，職工学校が約700あり，そこにも図書館が設置されている。

　宗教や学校以外としては，為政者など権力者が図書館にかかわることが多い。

イギリスにおいても王立図書館があったが，17世紀後半に，デューリーが王立図書館の改善に取り組み，マンチェスターに，研究者のための鎖付参考図書館が開設されている。

また，すでに1661年，書籍販売商カークマンは貸本屋を開いているが，18世紀には貸本屋が増加した。19世紀中頃には，ムーディーズ図書館が貸本屋としては最大規模であった。

17世紀末，カークウッドは町で運営する図書館「タウン・ライブラリー」を提唱し，その後，1850年に公共図書館法が成立する。民衆のための図書館設置の財政措置を規定した，世界最初の法律とされる。

また1753年創設の大英博物館図書館は，1759年に開館する。後に館長となったパニッツィは，アルファベット順の目録の採用，目録規則の制定，閲覧室と書庫の分離，円形大閲覧室の設置などを行い，その業績は高い評価にあたいする。

1837年にはビクトリア・アルバート博物館図書館が整備され，1843年新設の科学博物館に，1851年，万博の利益で科学図書館が付設された。

その後，1972年の英国図書館法により，大英博物館図書館など国の設置する多数の図書館が統合されている。

最後になるが，図書館専門職の組織である図書館協会は，1877年に創設されている。20世紀になると，企業が規模の大きい専門図書館を設置していることも付け加えておく。

2　フランス

1643年，マザラン図書館がノーデによって創建される。フロンドの乱のため蔵書など一端は散逸するが，1661年，マザラン学院図書館として再建される。

王室図書館は，フランス・ルネサンス期に，フランソワ1世によって基礎的なものがなされた。18世紀初頭ビニョンが文庫長のときには国内最大の図書館となっている。フランス革命前には刊本15万冊を所蔵していたという。そこでは，写本部，刊本部，系図称号部，版画部の部門が確立されていた。

その他，パリには，ソルボンヌ図書館，医学部図書館，サント・ジュヌヴィエーヴ修道院図書館などに代表される修道院図書館などがあった。12万冊を所蔵していたとされるアルトワ伯爵の私文庫など，多数の私文庫もまた存在していた。

　こうした図書館のありようを一変させたのがフランス革命である。修道院図書館などの大量の図書群が国有財産となったのである。それは，新体制下の「国民」教育の教育手段として利用されることになった。一時期各地に設けられた文献保管所が管理していたが，これらを再編し，学術図書館，行政機関の図書館がつくられた。さらには全国的に市立図書館がつくられた。

　とくにパリでは，国立図書館が，蔵書に関して国から多大の恩恵を受けている。まずは文献保管所から25-30万冊の刊本を得ている。また写本に関しては優先権を与えられたため，多大な蔵書になった。

　またこの図書館に付設されたものに，1795年創設の東洋語学校，1821年創設の古文書学校がある。

　マザラン図書館，サント・ジュヌヴィエーヴ図書館（一時期「パンテオン図書館」と称された），アルスナル図書館などが学術図書館として継続するとともに，国民公会（今日の下院）図書館，破毀院（最高裁判所）図書館，会計院図書館なども新しく編成されている。

　パリに対して地方では，革命による没収図書は，1795年，中等教育機関である中央学校が管轄することになったが，中央学校が廃止されるに及び，1803年，中央学校図書館および文献保管所の旧蔵書は市町村の管轄となった。この旧蔵書を核にした市立図書館がつくられ，その数は各地におよそ150といわれる。

　1839年になると，王立図書館−パリ学術図書館−市町村立公共図書館−大学等図書館の全国図書館網の組織化に関する王令が出された。これによって，中央集権的組織が確立することになる。またそれにともない，図書館の管轄は内務省から公教育省に移ることになる。

　こうした複数の図書館の組織化に関連するが，1926年に，パリの学術図書館，アルスナル，サント・ジュヌヴィエーヴ図書館，マザラン図書館を統合すると

いう，パリ国立図書館連合が考えられている。

さて1921年になると，『フランス全国書誌』に納本図書番号が記載されるようになった。その関連で国立図書館は書誌の国内センターとしての役割を強めることになる。

またカーンは，オペラ座図書館，国立音楽院図書館を併合した。音楽部部門の創設（1935年），国際交換課の設置（1936年），さらにはソルボンヌ図書館との共同企画である『雑誌総合目録』（1933年）の作業にもとりかかっている。

フランスの民衆図書館運動は，初等教育や労働者教育との関連で起こってきたとものとされる。

まず印刷工であったジラールは「教育友の会」を設立し，パリ3区に民衆図書館を開き，さらに「フランクラン協会」を設立した。ルランの開設した学校区図書館は，全国的な広まりを見せる。1866年にはジャン・マセが町村立の図書館を推進，「教育連盟」をつくり図書館の組織化をはかる。さらに20世紀に入ると，モレルがイギリス・アメリカの公共図書館運動を理念とする公共図書館論を展開した。

第2次世界大戦後は，文部省下に図書館・公読書局が設置される。その局長は国立図書館館長が兼任した。図書館の指揮系統は後に文化・情報局と大学省（1981年廃止，文部省に統合）と2つの組織のもとに所属したため，その運営が統一的ではなかったが，戦後図書館局が設置されたことによって，一元的な図書館対策がとられるようになった。

また，戦後，国は「貸出中央図書館」の組織をつくることによって，図書館がまだ設置されていない地域へのサービスという図書館活動を展開した。1968年以降は，市立図書館も，一般へのサービスを重要視し，アニマシオン活動（文化推進活動）が展開される。また1977年には，ポンピドー・センター内に公共情報図書館（BPI）が設立され，1986年には，ラ・ヴィレット科学都市にメディアテックが設立されている。

フランス国立図書館は1996年に開館し，もともとは図書館に属していた，歴史的な価値が評価される写本部以下，版画・写真部，地図・図面部，貨幣・

メダル・古美術部は国立図書館博物館に属することになった。

なお，フランス図書館史について知るには，図書としては，赤星隆子『フランス近代図書館の成立』（理想社，2002年）が有益である。また日仏図書館情報学会が発行する『日仏図書館情報研究』は最新の情報を得るのに有益で，2004年時点で30号が発刊されている。

3　ドイツ

ドイツの図書館史で注目されるのは，1850年ベルリンに開設された4館である。公的資金によるもので，最初の公共図書館といってよいだろう。それは下層民衆のための慈善的民衆図書館であったとされる。

その後，1914年にライプチヒ司書養成規定が制定され，1916年にはプロイセン文化省公共図書館局内で養成課程が開設される。さらに1917年にはザクセンの試験規定が制定される。このように司書といった図書館関係の職が社会的に認められていく。

また，図書館関係団体が創立，図書館員養成学校が設立され，1930年には「プロイセン図書館員試験規定」が制定される。これは戦後まで適用された。

ドイツの図書館文化史において最も大きな事件のひとつは，アドルフ・ヒトラーがとった政策，いわゆる「非ドイツ的」と判断された書物の焚書であろう。1933年に，政権を掌握したアドルフ・ヒトラーは，帝国図書院を設置，「有害不良図書リスト」を作成した。戦時中は，州民衆図書館課が図書館を指導，宣伝活動や野戦病院への図書の提供を行った。

戦後になると，まず1947年に，フランクフルト・アム・マインに，ドイチェ・ビブリオテークが設立され，1969年には連邦直属機関となる。また連邦領土内での納本が義務づけられた。このドイチェ・ビブリオテークは国立図書館としての機能をもち，ドイツ全国書誌の中心として，1913年以降のドイツ語文献の収集，書誌を作成している。

ドイツの図書館について知るには，河井弘志『ドイツ図書館学の遺産』（京都大学図書館情報学研究会，2001年），同「ヴァイマール時代の教養図書館

Gottlieb Fritsの公共図書館」(『図書館文化史研究』第19号, 2002年)が有益である。

4 オランダ

　他のヨーロッパの諸国と同様に, オランダでも, 中世の修道院やキリスト教会の図書館があり, それが16世紀前半になくなる。その資料の一部は自治体当局の図書館に引き継がれるが, 正式な予算もなく, 市民の利用もまれであったという。またライデン大学の図書館は1587年に設置されているが, 主に学部の教職員のためのものであった。

　オランダ連合共和国(1597-1795)は, カルビン派信徒の商人らによって運営されたため, 彼らの簡素な生活が反映され, 他国のようなバロック式王立図書館はない。18世紀になると, 商業的な貸本図書館, 医師や弁護士のための専門図書館, 慈善団体の大衆的な図書館といった3つのタイプの図書館が出現するとともに, フランスをまねた国立図書館(1798年), 王立オランダ科学アカデミー図書館(1810年)が設立される。

　1892年, 最初の公共図書館が開館するが, 「宗派別分離」のため, 非宗教, カトリック, プロテスタントの3種類の公共図書館が存在した。これは1960年代まで続いたが, いまは非宗教の公共図書館となり, 有料会員制度をとっている。

　また, 1921年法によって中央集権化がはかられ, 政府の監督下のもと中央協会が管理した。これはナチス占領下で検閲を容易にした。後にオランダの図書館界が中央集権を嫌う一因になったとされる。

　オランダの図書館について知るには, 西川馨編『オランダ・ベルギーの図書館』(教育史料出版会, 2004年)が有益である。

5 アメリカ

　ヨーロッパのような図書館の歴史・伝統をもたないアメリカは, そうしたものに束縛されない図書館づくりを志向し, その図書館のありようは, 第2次世界大戦後, 日本の図書館界に大きな影響を与えている。とくに現代の日本の公

共図書館とのかかわりでいえば，最も注目すべきがアメリカといってよい。以下その歴史をおってみる。

　ヨーロッパでもそうであったが，図書館ができる以前は，個人蔵書が貸し出されていた。アメリカでは植民地時代初期において，牧師が個人蔵書を提供していたが，1636年，植民地で最初の大学であるハーバード大学が創設される。その図書館も，牧師であったハーバードの約300冊の本をもとにしてつくられたものである。18世紀初めには，牧師のトーマス・ブレイが，植民地全体に約70の図書館を建設している。また1810-20年頃，日曜学校図書館が開設されていた。19世紀初めには，キリスト教青年会（YMCA）やキリスト教婦人禁酒同盟（WCTU）などが運営する図書館も活動する。このように図書館文化史においてキリスト教関係者や団体は看過できない。

　さて，1656年，商人ケインは，蔵書を含めた，自ら成した資産をボストンの町に贈り，市場，役所，図書館の複合施設の建設を託した。その図書館は町のものになった。今日の公共図書館につながるものとして評価される。

　また，会員制図書館もつくられる。1731年，ベンジャミン・フランクリンが設置したフィラデルフィア図書館会社である。その後，1747年にコネチカット州にダーラム図書会社，ローアイランド州にレッドウッド図書館が建てられている。

　さらに19世紀になると，貸本屋，消防団，旅館などの組織や団体にも会員制図書館，いわゆるソーシャル・ライブラリーが設置され，その数は相当数にのぼったとされる。また各地に文芸クラブが組織された。たとえばボストン文芸同好会は，1806年に閲覧室を開くなどしており，こうした文芸クラブは図書館サービスの提供もした。

　1820年にアメリカで最初の商業図書館が創設される。ニューヨーク商業図書館協会が開いた図書館である。その他，労働者階級の人々のため，職工図書館や徒弟図書館が開設された。これらの図書館は，南北戦争後，無料公共図書館にとってかわられることになる。

　またジェイムス・ワズワースが学校区図書館を創始する。これが全国的に展

開される。

　アメリカの最初の公共図書館とされることがあるのが，1834年，ニュー・ハンプシャー州ピーターバラで設置された図書館である。この図書館については山本順一「世界最初の公共図書館ピーターバラ・タウン・ライブラリーの歴史」(『図書館文化史研究』第15号，1998年)が有益である。

　1848年に，マサチューセッツ州は，ボストン市に対して公共図書館のための課税を認める州法を制定し，ボストン公共図書館は1854年に開館される。

① 法で制定され，
② 税を財源とし，
③ 市民に開かれた，

この図書館は，1850-60年代に建設された初期公共図書館の直接的モデルとなったとされる。そのありようは，エドワード・エヴァレットとジョージ・ティクナの間での議論によるところが大きい。図書館史上最も注目される図書館のひとつである。その変遷等の委細は以下の図書を読まれたい。

　ウォルター・ホワイトヒル，川崎良孝訳『ボストン市立図書館100年史　栄
　　光・挫折・再生』日本図書館協会，1999年
　川崎良孝解説・訳『ボストン市立図書館は，いかにして生まれたか』京都大
　　学図書館情報学研究会，1999年

　さて，その後，1881年から1919年にかけて，カーネギーが1679館の公共図書館を寄付するなどしており，アメリカの公共図書館は急速に拡大した。1956年には，図書館サービス法が成立し，連邦政府は公共図書館の整備に取り組んでいる。

　大学の図書館について述べると，多くの大学が新設されたが，施設として恵まれていたとはいいがたく，独立した建物の図書館をもったのは，1841年に建設されたサウスカロライナ大学である。しかし，19世紀後半にもなると，多くの高等教育機関が新設されたのにともなって，大学は研究機能がとくに重視されるようになった。研究支援のため重要な機関である図書館は「大学の心臓部」(the heart of the university)といわれたりもする。また1965年に制定さ

れた初等中等教育法，高等教育法により，学校図書館，大学図書館にも連邦資金が投入されている。

なお，1967年，オハイオ大学協会は，オハイオ大学図書館センターを設置した。世界的書誌ユーティリティOCLCに成長したことは特筆にあたいする。

また研究という観点でいえば，ジョン・クレラー図書館，ニューベリー図書館など，私立の研究図書館も数多くつくられている。

1800年，今日では世界最大の議会図書館が，法により設置された。購入，著作権法のもとでの受入れなどにより，膨大なコレクションとなっている。

軍医総監室所蔵の医学書をもとに，1830年代に起源をもつ国立医学図書館（NLM）は，議会図書館が国立図書館として機能しているのに対し，連邦レベルの図書館として機能しているとされる。

最後になるが，1876年，アメリカ図書館協会（ALA）が設立された。近代的な意味での図書館専門職が誕生したと評価されている。これについては山本順一「アメリカ図書館協会の歴史」（『図書館史研究』第9号，1992年）が有益である。

なお，アメリカの図書館について知るには，以下のものが有益である。

　ウィリアムズ，原田勝訳『アメリカ公共図書館史　1841-1987』勁草書房，1991年

　川崎良孝『アメリカ公共図書館成立思想史』日本図書館協会，1991年

　川崎良孝『図書館の歴史　アメリカ編』（増訂第2版）日本図書館協会，2003年

　川崎良孝『図書館・図書館研究を考える　知的自由・歴史・アメリカ』京都大学図書館情報学研究会，2001年

　吉田右子『メディアとしての図書館　アメリカ公共図書館論の展開』日本図書館協会，2004年

　メアリー・リー・バンディ／フレデリック・J・スティロー，川崎良孝他訳『アメリカ図書館界と積極的活動主義　1962-1973年』京都大学図書館情報学研究会，2005年

第 1 部関連参考文献──

大貫良夫他『世界の歴史 1　人類の起源と古代オリエント』中央公論社，1998 年
ジョルジュ・ジャン，田辺希久子訳『記号の歴史』創元社，1994 年
ジョルジュ・ジャン，高橋啓訳『文字の歴史』創元社，1990 年
加藤一朗『象形文字入門』中公新書 (5)，1962 年
大沢忍『パピルスの秘密復元の研究』みすず書房，1978 年
菊池徹夫編『文字の考古学 I』同成社，2003 年
菊池徹夫編『文字の考古学 II』同成社，2004 年
スティーヴン・ロジャー・フィッシャー，鈴木晶訳『文学の歴史』研究社，2005 年
方厚枢，前野昭吉訳『中国出版史咄』新曜社，2002 年
井上進『中国出版文化史─書物世界と知の風景』名古屋大学出版会，2002 年
米山寅太郎『図説中国印刷史』汲古書院，2005 年
大川玲子『コーランの世界　写本の歴史と美のすべて』河出書房新社，2005 年
レーシュブルク，宮原啓子ほか訳『ヨーロッパの歴史的図書館』国文社，1994 年
小林宏『図書館・日仏の出会い』日本図書館協会，2004 年

第2部 日本編

第1章
原始・奈良・平安時代

　ここでは日本文化のはじまりである原始時代と，貴族を中心とした律令国家の時代である奈良・平安時代を扱う。

　この時代は，寺院，官設，公家，学校など各種文庫の発生的基盤の形成時期と位置づけることができる。その過程などについて理解したい。

1　原始時代

　現在，日本で発掘された旧石器の最も古いものは 50-60 万年前といわれる。これが日本列島における人類の最初の痕跡である。少人数で洞窟などを住居として，狩猟中心の生活をしていた。身振り，手振り，あるいは簡単なことば，といったなんらかのコミュニケーション手段はもっていたと考えられる。

　日本で発掘された最古の土器が1万3000年前のものとされる。食物の貯蔵や煮炊きができるようになり，竪穴式の住居に暮らすようになり，縄文と呼ばれる社会が形成される。縄文時代の始まりである。なお，地球温暖化により，大陸から日本列島が分離したのが，1万年前頃といわれており，独自の縄文文化が始まる。

　紀元前3世紀，縄文時代の終わり頃，稲作技術が伝来し，伝播する。弥生時代の始まりである。稲作技術の伝来は，「米」という財産を生むことになり，それが貧富の差を生み，さらには支配する者，支配される者が誕生していくことになる。こうして国が形成されていく。

　『漢書』（地理志）によれば，100余りの国が分立し，争乱の状態であったという。

紀元前後のことである。他国との戦いを有利に進めるために，中国（漢）に使者を定期的に送っていたとされる。『後漢書』（東夷伝）によれば，57年，奴国王の使者が中国（後漢）を訪れ，光武帝から印綬を授けられたとある。

また同書には，107年，倭の国王らが奴隷160人を献上したとある。1文字だけでなく，文章として記された資料の古い例の「漢委奴国王」の金印は，そうした背景のもとでもたらされた。

秦の始皇帝は，伝達を支障なくするために，つまり政治的手段に利用するために，文字の統一をはかった。日本において，文字として漢字が使用されるに至った背景には，中国の政治的威光を必要とした，日本の小国としての事情があったと考えられる。日本においても文字は政治的手段として必要であったのである。

『後漢書』（東夷伝）によれば，147年，日本は全国的な争乱になったとされる。『魏志』（倭人伝）によれば，239年，卑弥呼が30カ国を支配する邪馬台国の女王となっており，魏より，多くの銅鏡と「親魏倭国」の称号をおくられている。

2　奈良・平安時代の概観

4世紀，大和政権が日本を統一する。それは豪族が連合した政権であった。聖徳太子が天皇の中央集権化を進めるが，豪族のひとつ蘇我氏が勢力を拡大していく。645年，中大兄皇子らがクーデターを起こし，蘇我氏が滅亡する。「大化の改新」である。710（和銅3）年，元明天皇が藤原京から平城京に遷都し，奈良時代が始まる。794（延暦13）年，桓武天皇が，平城京から平安京に遷都し，平安時代が始まる。天皇を中心とする公家社会ができ，また藤原道長に代表される「摂関政治」が行われるが，1086（応徳3）年に白河上皇が「院政」を開始，1179（治承3）年，平氏政権が樹立する。

3　漢籍・仏書の伝来

漢学が伝来したのは，応神天皇のとき，百済から阿直岐，王仁が来国し，王仁は「論語」10巻と「千字文」とを持参し，皇太子菟道稚郎子に諸典籍を講

「文部省編輯局印行之證」紙
明治期刊の教科書に貼られた。最初に伝来した漢籍
『論語』『千字文』をデザインに使用

じたと伝えられている。

その後、大陸より来国する帰化人、わが国から大陸に渡る留学生、留学僧などによって、大陸の文物・技芸などが伝来した。

日本に多大な影響を与えることになる仏教は、67年に中国（後漢）、384年に百済に伝わり、日本に伝来したのは、欽明天皇の時代に、百済の聖明王より仏像・経典の献ぜられたのをはじめとする。これには538年説と552年説の2説がある。538年説が有力のようである。もちろん、これ以前に帰化人などを通じて、仏教は伝来していたと考えられる。

仏教を、蘇我氏は受け入れ、物部氏は受け入れず、有力豪族が対立したため、天皇は公的には崇拝を認めぬが、蘇我氏の私的崇拝は認めるとした。このことによって、蘇我氏は、仏教を崇拝する渡来人たちに支持され、仏教文化や技術などを摂取することができた。このことは仏書をもたらし、さらには仏書の保管場所の設置もなされた可能性もある。物部氏は、蘇我氏に滅ぼされ、仏教は公認されることになる。

4　聖徳太子とその周辺

蘇我氏は、推古天皇を擁立し、聖徳太子を摂政とした。蘇我氏として、自らの権力強化などをはかったのだが、聖徳太子は、「冠位十二階」「憲法十七条」など、天皇に権力が集中する政策をとる。607年の遣隋使派遣も、隋の後ろ盾を得ることによる、天皇の権威向上をはかったものと考えられる。また、仏教

の信仰も，仏教を受容した朝鮮諸国の中央集権化が念頭にあったものと思われる。こうした政策が，結果として文書や仏書の集積場所をうむことになったと考えられる。

聖徳太子は史書編集，つまり天皇記・国記，臣・連・伴造・国造・百八十部および公民などの本記を記録し，朝廷と諸氏族との系譜的関係を明らかにしようとした。現存はしないが，この記録を保管するための文書館といった場所が当然想定される。

聖徳太子が仏教を信仰し，仏教は流行するようになると，寺院建築の必要上，百済より寺工・仏工・瓦工・鑪盤工・画工などが来国，僧曇徴は高麗より来国して紙・墨・絵具の製法を伝えたとされる。

聖徳太子

『昭和中学修身書』昭和13年，金港堂

聖徳太子は，法隆寺・四天王寺・中宮尼寺・橘尼寺・蜂丘寺(広隆寺)など多数の寺院を建立，この前後に法興寺・元興寺・法起寺・法輪寺・中宮寺・大官大寺(大安寺)などの諸寺が造営されている。

推古天皇の晩年には寺院の数は46にのぼった。そのすべてではないが，四天王寺・法隆寺・元興寺などの大きな寺には，経典を保管するため「経蔵」が付設された。

また寺では学問も学ばれた。法隆寺は「法隆寺学問寺」ともいわれ，その金堂の背後には講堂が設置され，講学の道場とされた。四天王寺の敬田院も学寮であり，学問の研究に従事する場所であった。ここには学問に必要な図書を保管するための設備が想定される。

なお，聖徳太子の死後も仏教はさかんであり，遣唐使が多くの文書を得て帰

第1章 原始・奈良・平安時代 55

国したため，ますます，寺院経蔵，寺院学寮文庫の必要性が高まったと考えられる。

5　図書寮の設置

聖徳太子の死後，強大化する蘇我氏に対して，645年，中臣(藤原)鎌足，中大兄皇子がクーデターを起こし，蘇我氏を滅ぼす。「大化の改新」である。これによって，天皇を中心とする中央集権が確立する。以後，遣唐使によって唐の「律令」の実態がわかるようになると，日本でもその制度を用いることになる。ちなみに，「律令国家」とは，法律に基づく運営がなされる国家のことである。

668(天智7)年，大化新政に応ずる法典である「近江律令」22巻が選ばれる。ただし，その存在を疑問視するむきもある。また稗田阿礼の暗誦する帝皇日継および先代旧辞をも記録させ，『古事記』『日本書紀』『風土記』などの修史事業も行われた。そのためには，必要な文献が収集され，それを保存，活用する必要がある。文武天皇の701(大宝元)年には，国家行政の根本法ともいうべき大宝律令が成立し，官設文庫の設置，すなわち図書寮が制度化された。いまでいう国立図書館である。

なお小川徹は，図書寮の前身として「書屋」があった可能性を指摘している(「日本最古の図書館「書屋」について」『図書館文化史研究』第19号，2002年)。

6　官設文庫《図書寮》

図書寮そのものは，すでに天智天皇の時代，大内裏に設置されていた。それが大宝律令によって，太政官の中務省に属すことが決められ，組織のなかでの位置づけが明確化される。

図書寮の職務には，以下のものがある。

(1) 経籍図書，内典，仏像などの管理

図書寮の職制は，まず頂点に「頭」がおり，その補佐をする「助」，そのもとで実務の担当者がいる。注目すべきは次の2職である。

● 書写手……図書記録の校写担当。20人。

● 装潢手……図書の表装担当。4人。

　書写という手段で，図書経籍の複写保存がはかられたことが知られる。

　図書寮の管理は，初期には十分ではなかったが，元明天皇の時代，藤原武智麿が図書頭となり，図書経籍類を点検，欠本については書写して補うなどして，整備につとめた。

　また図書寮の図書経籍は，初期には親王以下朝廷の役人などに閲覧・貸出を許可していた。聖武天皇の時代，一部以上の借覧が禁止された。

(2) **紙筆墨製作と，その出納**

　図書寮の職制に「造墨手」（10人）があり，墨の製造を担当した。

　また，平安時代には，図書寮所属の製紙工場「紙屋院」が設置され，諸官庁で使用する用紙を製造した。

(3) **写経，書写，修史の事業**

　天平時代には，仏教を積極的に受け入れたため写経事業がさかんに行われた。また，その後，奈良時代から平安時代前期にかけて，中央集権的な政治体制のもと修史事業に力が注がれた。

　平安中期になると，物理的には火災にあい，仕事の面では唐との国交がなくなることによって写経，書写の事業が減少し，修史事業にも力が注がれず，制度としては太政官の組織が弱体化したため，図書寮は衰退する。

7　官設文庫《文殿》

　図書寮以外に「文殿」といわれる文庫があった。これは，各官庁が政務に必要な文書記録類を保存管理するために設置された文庫である。奈良時代には，太政官の左右の弁官局および少納言局に設置されていた。

　政務が盛んな官庁ほど文書記録類が集積される。平安時代では，太政官庁および外記庁の文殿は充実した。とくに太政官庁のものは，「官文殿」と称される，独立した建物で，今日でいう「公文書館」であった。なおその管理には「史」が，書写には「史生」があたった。

　所蔵される文書類は，政治上必要な，重要なものであったため，管理は厳重

であったが，1226（嘉禄2）年，官文殿は焼失してしまう。その後は，文書の副本を所蔵していた左大史小槻家の私庫を官文殿に準用し，官庫または官務文庫と称した。

8　宮廷文庫

奈良時代，宮中の女官に書司職が設けられ，書司には尚書，典書，および女嬬がおり，仏典・漢籍などを持参して，天皇の閲読係をしていた。それらの典籍は，図書寮などの蔵書であった。

天皇家と密接な関係のある文庫等には，まず正倉院があげられる。これは文庫そのものではなく，聖武天皇遺物の多くの道具類なども伝えるが，多数の正倉院文書を現在まで伝えるという点で注目される。今日でも奈良国立博物館において毎年一部が特別公開されている。

平安時代，嵯峨天皇のときに蔵人所が創設され，蔵人は校書殿で宮廷の政事上の文書記録のことを掌り，また皇室歴代の文書をおさめた納蔵の管理にあたった。

同じく嵯峨天皇のときに建てられた冷泉院にも文庫が設置され，図書・文書を収蔵していたが，875（貞観17）年に焼失する。

なお，焼失後，勅命により藤原佐世が編んだ「日本国見在書目録」は，日本における現存最古の漢籍目録で，当時の残存漢籍図書の目録である。

平安時代，政治には直接関係ない，宮中の図書経籍・文書を保管していた御書所（「芸閣」とも）が設置され，預，書手などの職員がおかれていた。

また一本御書所（「秘書閣」とも）も皇居内に設置されている。これは，冷泉院などの院の蔵書を天皇が閲覧するために，あらたにそれを書写させて，一本を作成させ，それを収蔵していたところである。

この他，後白河法皇のときに設置された蓮華王院（三十三間堂）の宝蔵は，平安朝の貴重な図書・文書を多数収蔵していた。

9　写経

　朝廷は仏教を普及させるため，仏書の充実と伝播に力を入れる。とくに聖武天皇は光明皇后とともに数千巻の写経を発願，諸所に写経所を設置し，東大寺には天平末年から写経所が設置され，約30年間ほど，政府の写経事業が行われた。この写経所では，仏書のほか，仏書以外の図書も書写された。

　写経所には，次の4職種がおかれた。
- 経師……経典を筆写
- 装潢……表具師
- 校正……校正の任務
- 題師……経典への経名の書き入れ

この写経所は発達して，写書所，写疏，写金字所など専門的に分業化した。

　こうした官の写経所のほかに，寺院，公家も写経所を設けたりもした。現存する古い写本の多くが写経であるのにはこうした背景がある。

　ところで，写経は寺院経蔵の発展に影響を与えた。写経の堂舎は，写経殿，あるいは経堂という。奈良時代の経典には，折本はなく，巻子本であり，それを経箱か経筒に入れて保管した。

　平安時代になると，ひとつには印刷術が発達し，ひとつには宋版『一切経』などの「版本一切経」が輸入されたため，写経の必要がなくなり，官設写経所は廃止となった。ただし「経師」がいなくなったわけではなく，江戸時代の図書を考えるときに重要な役割を果たす「職」につながっていく。すなわち『人倫訓蒙図彙』に，経巻，巻物，色紙，短冊，薄様，香包など，紙製品はすべてつくる，とあり，またその長を大経師といい，禁裏の細工をし，院の御用をするものは院経師といったとある。

10　寺院文庫《経蔵》

　仏典・写経を収蔵した文庫を「経蔵」という。大きな寺において経蔵は不可欠なものである。はやくは，法隆寺や四天王寺に，奈良時代には，東大寺，元興寺，大安寺，興福寺，唐招提寺などの諸大寺に，経蔵が建立された。平安時

代になると仏典だけではなく，外典としての儒教書も保管されるようになった。以下，主な経蔵をみていく。

東大寺 村上天皇の時代，東大寺勝尊院の経蔵「聖語蔵」が建立された。ここには光明皇后御願の写経をはじめ，7千余巻の仏書が収蔵されていた。そのなかには日本で現存最古の蔵書印である「積善藤家」（光明皇后の蔵書印）の押印がなされたものが含まれている。

興福寺 藤原氏の氏寺である興福寺の唐院には玄昉持参の仏典5000巻が所蔵され，その鎮守の春日神社と，法相宗関係の仏典を主とする開版，いわゆる春日版の開版事業を行っていた。そして興福寺と春日神社にはそれぞれその版木を納めた経蔵も設置されていた。[→130ページ]

石山寺 石山寺は東大寺の直轄で，ここの経蔵は大般若経を蔵した。写経所も設置され，石山寺奉写般若所といい，東大寺写経所の職員が派遣されて書写にあたった。また光明皇后御願の「一切経」など，古い時代に成った図書を伝えている。なお，紫式部がこの寺から琵琶湖の水面に映る月を観て悟り，『源氏物語』の構想を得て執筆したとの伝説があり，現在，『源氏物語』関連のものが多く収集されている。

延暦寺 天台宗の総本山である延暦寺は，最澄によって788（延暦7）年に比叡山に創建され，「一切経蔵」が建立された。最澄は，唐より，経・疏・記など230部460巻を持ち帰り，請来目録を作成して天皇に献進した。最澄は経典の収集に力を注ぎ，その経蔵の管理者として一切経蔵別当および雑文書別当などをおいていた。

円珍が座主のときに根本経蔵がつくられるなど，経蔵が複数設置され，写経が納められた。また円仁が帰国のとき，多くの経典類を持ち帰り，延暦寺前唐院の経蔵に納められるなどし，蔵書は増加した。1571（元亀2）年に織田信長の比叡山焼き打ちのとき経蔵およびそこに収蔵されていた蔵書は焼失してしまった。その後，建物は，豊臣秀吉，徳川家康などによって復旧されている。

東寺 823（弘仁14）年，嵯峨天皇は東寺を空海に授け，教王護国寺という寺号をたまわる。空海が唐から持ち帰った仏書は，「御請来目録」によると，「新

訳経」,「論疏章」など216部461巻に及び，東寺の大経蔵に納められた。大経蔵の管理には，経蔵預があたった。

東寺の経蔵には北経蔵（大経蔵）と南経蔵とがあったが，1127（大治2）年に焼失した。その後，経蔵は再建されたが，1485（文明17）年にも焼失した。さらにその後，豊臣秀吉，徳川家康などが経蔵および「一切経」を修復した。

家康は，東寺観智院の経蔵の経典を貴重として，高野山の青厳寺の経蔵に移管した。これは，学者の研究資料として利用された。

中尊寺　藤原清衡の建立した中尊寺には，鳥羽法皇の御願による金銀泥「一切経」5700巻をはじめ，宋版「一切経」などの経典，漢籍など多数が収蔵されていたが，檀主藤原氏の滅亡により堂塔も破損，経典も次第に散逸した。

11　公家文庫

平安時代は公家たちの時代であり，公家たちは豊かな書物文化を形成した。主な公家たちの文庫には次のものがある。

芸亭　奈良時代末期，石上宅嗣が，旧宅を寺として，そのなかに設けた書籍館である。その蔵書を公開し，閲覧自由であったため，図書館史のうえでは，公開図書館の先駆けとして評価されている。

紅梅殿　菅原道真が父是善から邸内に与えられた書斎。菅原家は「文章博士」の家で，もともと図書とはかかわりが深い。ここの図書を公開し，一門子弟の閲覧を許可した。

江家文庫　平安時代末期，大江匡房は，私設の千種文庫を建てた。一般には江家文庫として知られていた。大江家も菅原家と同様に学者の家である。ただし江家文庫は，紅梅殿のように一般に公開したものではなかった。

法界寺文庫　11世紀半ば，「文章博士」である日野資業が，京都に日野薬師を再興した。ここに群書を集めてその蔵書をおいた。これが法界寺文庫である。

藤原頼長の文倉　藤原頼長は，自ら書写し，購入して集書した。1145（天養2）年に頼長は私設文庫を設けた。その蔵書を分類して全経，史書，雑説，本朝の四部とし，書箱に番号をつけて配列し，その蔵書目録も作成された。保元の乱

のおりに焼失した。

12　学寮文庫

　大宝律令制定により，大学，国学の制度が整い，大学は式部省，国学は国司の管轄下におかれることになった。

　大学は京都におかれ，原則として五位以上，および東西史部の子弟を教育，その目的は官吏の養成であった。大学には蔵書が備わり，大学内での閲覧が許可された。また，蔵書目録も作成されていた。一方，国学は，国司，郡司の子弟の教育機関であり，国府に設置されていた。

　平安時代，藤原，大江，菅原，在原などの文章院，観学院，学館院，奨学院，淳和院の学寮が発達した。

第2章
中 世

　ここでは公家たちにかわって政権をとった武家の文庫を中心に，それ以前から存在，継続した文庫について把握する。

1　時代の概観

　1192（建久3）年，源頼朝によって鎌倉に幕府が開かれ，1333（正慶3）年，後醍醐天皇によって倒幕されるまでの鎌倉時代の文化は，武士の時代を反映した素朴で力強い文化であった。また宋や元の影響も強く，禅宗の影響が大きかった。2年余りの後醍醐天皇による建武の新政の後，足利尊氏によって室町幕府が開かれるが，約60年間南北朝が対立，1392（明徳4）年，足利義満によって合一されるが，1467（応仁元）年からの応仁の乱によって，幕府の権威は失墜し，戦国時代を迎える。公家・武家・禅宗の要素が集約された北山文化，明文化の影響が強い東山文化は中央の文化だが，文化の地方化もなされた時代である。

2　武家文庫

　武士のなかには「文武両道」と考え，「文」に力を入れ，図書を収集し，文庫を設けるものもいた。

　鎌倉時代の代表的な武家文庫は金沢文庫である。三善康信の名越文庫（鎌倉名越にあった。1208（承元2）年焼失）にならったものといわれ，その名称も名越文庫と同様に，設けられた地名によるとされる。設立年代は不明だが，北条実

時創建説が有力である。

その蔵書は，北条実時，顕時，貞顕の三代の集書から成る。『論語』などの漢籍や，『続日本紀』，『続本朝文粋』，『源氏物語』といった国書などが所蔵され，幅広い分野にわたっていた。

管理は，同じ敷地内の称名寺の住職が担当し，当時，一般にも貸し出していた。北条氏の滅亡後も，称名寺が文庫を管理し，建物が損なわれるなどしたため，後に蔵書を称名寺に移し，称名寺の蔵書とともに管理された。

江戸時代になると，徳川家康は，江戸城内に富士見亭文庫を創設し，称名寺が管理していた金沢文庫の蔵書の大半を移蔵させた。富士見亭文庫の蔵書の大半は，現在，宮内庁書陵部に所蔵される。

また，江戸時代に大規模に書籍を収集したことで知られる加賀藩の藩主前田綱紀が尊経閣に，水戸藩主徳川光圀が彰孝館に，それぞれ，その国書・漢籍の一部を引き取っている。その結果，称名寺には仏書が多く残ることになった。

また神奈川県庁は，1930（昭和5）年，寺院跡に図書館を設置，金沢文庫の名を復活して，その残存書籍の保存をしている。

武家文庫は室町時代にも見られる。幕臣の細川氏，伊勢氏，地方武将では太田道灌（静勝軒文庫），山口の大内氏，薩摩の島津氏など，蔵書数が多かったことが推測される。ただし，金沢文庫ほどに知られるものはないようである。

鎌倉時代と大きく異なる点は，まず，幕府が京に開かれため，足利将軍家の蔵書は，京の公家たちとのかかわりが深かった。具体的には，歌集などの書写を命じて，蔵書を増やしていった。足利義政，義尚父子はとくにその傾向が顕著である。

今ひとつは，元，明との貿易が開けたことにより，宋，元，明版の書籍を購入して，蔵書としたことである。これは，将軍家にとどまらず，諸国の大名や寺院にも見られる。とくに山口の大内氏は，貿易をさかんに行い，仏典の収集をした。また大内氏は，いわゆる「大内版」といわれる出版を行い，仏典や漢籍などが印刷された。

3　学校文庫——足利学校の文庫

　足利学校は，下野国足利荘にあった中世の学校施設である。その創設者には諸説あり，平安末期に足利義兼が設立したいわれるが，平安初期の小野篁説，室町時代の上杉憲実説などもある。漢学研修の学校としての形態が整備されたのは，永享年間（1429-41）に，関東管領上杉憲実が鎌倉円覚寺の僧快元を初代校長とし，宋版の経典を寄贈したことによる。禅僧が学校の管理をし，学生は寄宿生活をした。講義は易学を中心に，漢籍や兵法書など実用的知識が講義された。

　戦国末期の7代校長九華のとき，小田原北条氏の保護を得て，最盛期をむかえ，全国的に知られ，学生を集め，宣教師に坂東の大学と呼ばれている。その後も徳川氏の保護を得て存続し，明治には，足利藩校求道館の図書なども移されている。1872（明治5）年に廃校となり，蔵書とともにはじめ栃木県，後に足利町の所有となり，1903（明治36）年に学校跡に足利学校遺跡図書館が開設され，今日に至る。

足利学校境内の図　川上広樹『足利学校事蹟考』（明治13年）

第2章　中世

以上のように存続されたため，旧蔵書の大部分がまとまって今日も伝存している。上杉憲実・憲忠父子寄贈の宋版「五経註疏」，北条氏政寄贈の旧金沢文庫本の宋版「文選」，徳川家康の寄贈書など，貴重なものが多い。

4　京都・鎌倉の五山と文庫

　この時代は，中国との貿易などにより，宋版の書籍が多く伝えられた。国内でも出版事業も盛んで，京都五山の禅寺などで行われ，いわゆる五山版はその代表的なものである。そのほか春日版・高野版・比叡版など各地に仏典などの刊行が行われた。このように書籍の供給が豊かになると，寺院の経蔵や文庫の蔵書が充実し，また個人蔵書家も出るようになる。

　注目すべきもののひとつに東福寺の文庫がある。入宋した円爾が，仏典や宋学などの多数の典籍とともに1241（仁治2）年に帰国し，その典籍を東福寺の普門院書庫におさめた。

　円爾が自ら編んだとされる「三教典籍目録」は伝わらないが，現存する東福寺普門院の蔵書目録に「常楽目録」と「明徳目録」とがある。常楽目録は「普門院経論章疏語録儒書等目録」の略称，鎌倉時代末期の編纂とみなされている。明徳目録は「普門院蔵書明徳目録」の略称，1392（明徳3）年，東福寺の知有禅師の改編したものである。これによって円爾の蔵書をほぼ知ることができる。

　東福寺には，普門院書庫のほかに，虎関師錬が設けた海蔵院文庫もあった。多数の書籍が所蔵されたとされるが，1382（永徳2）年に焼失した。

5　朝廷文庫

　宮中では，文事が継続して行われ，書籍が伝承された。

　1163（長寛元）年，後白河法皇の創設した蓮華王院の宝蔵には，皇室の貴重図書などが所蔵され，その蔵書点数も多く，皇室文庫として重要な位置を占めた。1274（文永11）年，後宇多天皇即位後，皇統が持明院，大覚寺の2つに別れてから後は，蓮華王院宝蔵は持明院統に帰した。後深草天皇以来，伏見，後伏見，花園と大切にされたが，治安の悪化にともない，宝蔵の書籍などは分散

し，室町時代には宝蔵も壊滅したようである。

　なお，持明院統文庫書目としては，1355（文和4）年に後深草，伏見，花園など歴代の持明院統仙洞の御記，後遺書などを中心として中原盛氏，安部資為などが編纂した「仙洞御文書目録」がある。

　これに対し，大覚寺統の文庫としては，亀山，後宇多，後醍醐天皇とひきつがれた万里小路殿文庫があった。また後醍醐天皇の富小路内裏の文庫にも多数の記録書籍が収蔵され，1331（元弘元）年笠置御幸のとき，蓮華王院宝蔵の文書書籍をひきとり，富小路内裏文庫の重要なものの一部は，大覚寺，仁和寺，三宝院，報恩院など大覚寺統関係の寺院に移されたらしい。

6　公家文庫

　経済的にめぐまれない公家にとって，蔵書の増加どころか維持ですら困難であった。しかし，そうしたなかにあって維持された公家文庫として3つのものがよく知られる。

　藤原宗隆の文庫は「梅小路文庫」といわれ，多数の和漢の書籍を収蔵していたことで知られていた。1226（嘉禄2）年，息子宗房のとき焼失した。

　碩学と知られる一条兼良の文庫は「桃華坊文庫」といわれた。摂関家「一条家」累代の和漢の書籍文書類を保存していたが，応仁の乱のとき，その大半が紛失した。

　3つめは小槻家のものである。小槻家は朝廷の公文書を扱うことを家職とした。1226（嘉禄2）年，公文書を保管していた太政官の官文殿が焼失したため，小槻家の私有文庫がその代わりに用いられた。そこで，これを官務文庫と称した。朝廷の重要文書が保存され，文庫の修理も朝廷の費用によってなされていた。この文庫は，その蔵書が，1888（明治21）年，帝室に献じられるまで続き，現在，宮内庁書陵部に保存されている。

第3章
近 世

　ここでは政権をとった武家の文庫を中心に，それ以前から存在，継続した文庫について把握する。江戸時代になると，安定した世相を背景に，需要に応じてさまざまな図書が生産されたことを理解する。

1　時代の概観

　織田信長，豊臣秀吉によって国が統一された安土桃山時代を経て，1603（慶長8）年，徳川家康が江戸幕府をひらき，初期の体制は武断主義であったが，1651（慶安4）年の慶安の変，1652（承応元）年の承応の変を契機として文治主義に転換する。その後，幕府や諸藩の赤字財政，ペリー来航後の開国など，諸事情により，幕府は崩壊し，明治維新を迎える。

　桃山文化は新興大名や町衆が担い手となり，生活文化としての性格が強い。寛永文化は，それを継承し，元禄文化は町人文化ともいわれる。江戸後期の化政文化は，文化の地方化が進む。また藩校，私塾，郷学，寺子屋といった教育機関も設けられる。

2　武家文庫

　1602（慶長7）年，徳川家康は，江戸城内の富士見亭に文庫を設けた。「富士見亭文庫」といわれる。

　隠居した家康は駿府城内に文庫を設けた。これを「駿河文庫」という。その一部は家康在世中に，富士見亭文庫に移されたが，1616（元和2）年，家康没後，

富士見亭文庫の他，尾張，紀伊，水戸の三親藩家に分与された。

紅葉山文庫　1633（寛永10）年，文庫の蔵書の整理，目録編纂，保管のために，富士見亭文庫に書物奉行がおかれた。1640（寛永17）年頃，この文庫は城内紅葉山霊廟の境内に移転され，紅葉山文庫，楓山文庫，または楓山秘閣などといわれた。

紅葉山文庫の所蔵図書は，家康の集書を基とする。その後，さまざまな方面から寄贈本があり，幕府もしばしば集書にあたった。とくに1664（寛文4）年に，『本朝通鑑』の編纂にあたり，全国の社寺，公家，諸大名，旗本などから資料を提供させ，このとき2部を書写して1部を編輯所に，他の1部を紅葉山文庫に納めた。寄贈図書では，1828（文政11）年に豊後佐伯藩主毛利高翰が2万余巻を献納したことが注目される。

文庫の書籍目録には，富士見亭文庫の創設の際に，足利学校の庠主寒松の作成した目録が，紅葉山文庫関連の最古の書目である。その後，書目の増補改訂が行われたが，とくに1836（天保7）年に完成した「重訂御書籍目録」は，本編と目次をあわせると29冊になるものであった。経史子集書とし，計5部となっており，さらにこれを61類に細分した。

また，この目録編纂のとき，貴重図書の名称について指令があり，北条本，後譲本，享保新写交合本，金沢本，宋元槧本，慶長活字本，と称することとなった。

また，幕府の購入図書も，複本2部のものは，1部を紅葉山文庫に，他の1部を昌平黌文庫に納めた。その保管に万全を期するようになった。

三親藩家の文庫

〈**尾張藩の文庫**〉　尾張藩の文庫は，藩祖義直のときに始まる。家康没後，駿河文庫本を譲り受けたほか，和漢の新刊書を購入して収集につとめた。義直は，自らの『神祇法典』10巻，『類聚日本紀』174巻などの撰述のための集書にもつとめた。また，紅葉山文庫に模して1658（万治元）年に書物奉行をおき，1867（慶応3）年まで存続した。1931（昭和6）年，尾張黎明会蓬左文庫創設のとき蔵書数約7万冊であった。

〈水戸藩の文庫〉　水戸藩の文庫は，彰考館文庫と称される。その創設は，駿河文庫の御譲本を基とする。その後，徳川光圀の『大日本史』編纂の事業にともない，蔵書が増加する。1657（明暦3）年に史局を創設し，『大日本史』編纂に着手，1672（寛文12）年に史局を移転し，彰考館と名づけ，文庫が設けられ，書物奉行がおかれ，本格的に修史事業を始める。それにともない資料収集が行われ，文庫の蔵書が増加した。なお，1783（天明3）年に彰考館に入り，『水府志料』編纂に従事するなどした小宮山楓軒，その孫で『古事類苑』の編纂に関与した南梁の蔵書は，帝国図書館に購入され，現在，国立国会図書館に小宮山叢書としておさめられている。

　1692（元禄5）年，光圀は大串平五郎に命じ，「彰考館総目」3冊を作成させる。「彰考館書目」の起源である。第1・2冊は和書目録で，国書12類に分け，12支をもって号とした。子は神書，丑は史伝，寅は職官（官職制度），卯は家乗，辰は詩文，巳は和歌和文，午は音楽，未は譜牒（系図古文書），申は雑家（地誌・兵書・医書・画工・園芸等の書），酉は抄解（注釈書随筆類），戌は仏書，亥は稗叢書目であった。第3冊は漢書目録で，漢籍を8類に分け，八卦をもって号とした。乾を経，兌を史，離を子，震を集，巽を類書，艮を道（仙術書），坤を釈とした。

　1698（元禄11）年，江戸にあった史館の編集局を水戸に移し，江戸と水戸の両方で修史を続けていたが，その後，1829（文政12）年，斉昭は，江戸の史館をすべて水戸に移転した。なお，城内に開設された藩校「弘道館」の学生は，彰考館文庫の蔵書の閲覧が許された。斉昭は，彰考館文庫のほかに，さらに潜竜閣文庫を設けた。その書籍目録「潜竜閣文庫蔵書目録」3部20冊と「潜竜閣類字書目」1冊がある。十干五色に分類し，和漢洋の書籍がおさめられる。なお1846（弘化3）年に小山田与清は，「擁書楼文庫」の蔵書2万余巻を寄贈し，斉昭は，それを「潜竜閣蔵書書目」に組み入れている。

〈紀伊藩の文庫〉　紀伊の文庫も，駿河文庫の御譲本を基とする。1791（寛政3）年，藩主治宝のとき藩校「学習館」と，御譲本を基とする文庫が設けられた。また「偕楽園」内に，和漢の書籍を収蔵した八角建の文庫を設置，これを「偕楽園文庫」と称した。紀伊藩の文庫は，明治時代に入り一部が散逸したが，紀

州徳川家伝来本が，東京麻布邸に南葵文庫として公開され，旧藩時代から伝わるものが約2万冊あった。

3　諸大名の文庫

江戸時代，諸大名のなかから，多くの図書を所蔵するものが出てくる。有名なものに以下のものがある。

尊経閣文庫　加賀藩前田氏の尊経閣文庫の集書は藩祖前田利家の室芳春院松子に始まったといわれる。三代利常を経て，五代綱紀に至って大成した。綱紀は，利常収集のものを「小松蔵書」，父光高収集のものを「金沢蔵書」，自らが収集したものを「尊経閣蔵書」とした。明治になって，「尊経閣蔵書」からとって，前田家の蔵書を「尊経閣文庫」と呼ぶようになった。現在，近世の文書等は金沢市立玉川図書館に移管され，「加越能文庫」（約1万点）として保存・活用される。貴重なものは，「尊経閣文庫」として財団法人前田育徳会が保存している。

さて，綱紀は古今の貴重書の逸散するのを憂え，後世に伝える目的で収集にあたった。綱紀の集書は書写と購入の二方法による。購入は，可能な限り原本を求めた。また，社寺，紳縉家などの所蔵で購入できないものは依頼して書写するようにした。

尊経閣は，一般の和漢書をおさめた文庫で，経史子集の4部に分けて収蔵されていた。これとは別に秘閣といって貴重書をおさめた文庫があり，これは「南御土蔵」といわれ，現在の尾山神社の境内にあった。別名を「金谷文庫」という。

綱紀の集書は，学術的に価値のあるものの収集を重視しており，次のような過程を経ていた。

① 綱紀の書籍を調査 (親閲)

② 学士の考証

③ 価値の評定

④ 序跋を添加

綱紀は，図書の保存を重視し，書写のため借用したものでも，傷んでいるものは補修して鄭重に図書を返却した。「百合文書」の返却の際は，保存用の書

櫃を作成し寄贈したり，1702（元禄15）年三条西家の文庫を修築して返礼としたり，1713（正徳3）年には木下順庵に文庫の建設地を与えたりした。

なお新井白石が雨森芳洲にあてた書簡のなかで「加州は天下の書府」と述べたことは，よく知られる。

佐伯文庫　豊後佐伯藩毛利家の佐伯文庫は，毛利高標一代の集書で，儒，道，仏，医のほかに蘭書をも所蔵し，その蔵書数は8万巻にのぼっていた。高標の没後，1828（文政11）年，孫高翰のとき，佐伯文庫の蔵書の大部分を幕府に貢献した。幕府はその献本を紅葉山文庫と昌平坂学問所の両所に分けて収蔵した。

市橋長昭の文庫　近江西大路を領した市橋長昭は，毛利高標などと風月社を結成して，相互に図書の貸借を行い，また書写の便もはかっていたらしい。宋元古版本の収集につとめたが，1801（文化5）年，その蔵書の永久保存を念願し，宋元版30部を昌平黌に寄贈した。

松浦清の文庫　平戸藩主静山松浦清の蔵書数は5万巻を超え，江戸の藩邸と平戸城とに分置され，平戸の文庫を「楽歳堂文庫」，江戸のものを「感恩斎文庫」といった。1785（天明5）年，藩臣および藩校「維新館」の学監などに命じて，「楽歳堂蔵書目録」を編纂させ，内編2冊，外編4冊が作成された。内編には国書，外編には漢籍，洋書が収録された。平戸藩は海外との関係があり，洋書も少なくなく，外編中に洋書目録として「蛮国」の一編を設けている。文庫は，当時として特色ある文庫のひとつであった。清は，木村兼葭堂や毛利高標などと交流をもち，舶来図書の購入，交換，相互貸借などを行った。

薩摩藩の文庫　薩摩藩は，藩学の奨励，文庫の蔵書の貸出を行い，広くその図書の利用を進めていたことが知られている。とくに四書，五経，史記，左伝などを藩費で出版し，安価で頒布したほか，安価な見料でこれを貸し出した。

松平定信の文庫　11代将軍家斉を補佐した白河城主松平定信の文庫は，1823（文政6）年には，その蔵書数は2万巻を超えていたとされる。彼は幕府の大政に参与して，「医学館」を建て，「和学講談所」を興した。定信の文庫は，「楽亭文庫」「白河文庫」といわれた。

その他の文庫　このほか，よく知られるものに，新発田藩溝口家の文庫，新

宮城主水野家の文庫，備前池田家の文庫，徳山毛利家の棲息堂，伊勢本田家の神戸文庫などがある。

4 学校文庫

　江戸時代，将軍家をはじめ諸国の藩主は学問の振興につとめ，幕府直轄学校および藩校が設けられた。1691（元禄4）年，湯島に聖堂ができ，幕臣の教育所となってから，全国の諸藩がこれにならい藩校を創設，幕末には，学校をもたぬ藩はほとんどなかった。1792（寛政4）年に造営された加賀藩「明倫堂」では，「武士は勿論，町在の者までも志しだいで学ぶことができる」とされている。

　昌平黌のほかに幕府直轄学校として日光，甲府，駿府，佐渡，長崎の学問所のほか，和学講談所，開成所，医学所が設立された。公家の学校としては，京都に「学習院」ができた。庶民の学校としては，郷校，寺子屋などがあった。こうした学校のなかには，文庫を備え，その蔵書を学生の閲覧に供していたものがあった。

　昌平黌文庫　1691（元禄4）年，本郷湯島に「昌平坂学問所」が発足，林信篤が大学頭となり，同時に聖堂の祭役に任ぜられた。その後，1797（寛政9）年に幕府の直轄学校となる。文庫には，紅葉山文庫から再三図書が移管された。また1842（文政11）年以降，昌平黌が全国出版物改めをすることになり，新刊図書の納本がすべてここに収蔵されることになる。一般学生や職員なども，これらの蔵書を閲覧することが許され，図書閲覧の規定も設けられていた。寄宿舎への貸出なども行われていた。その教育のために文庫の蔵書の活用がはかられており，学校図書館としての機能を積極的に果たしていたといえよう。

　昌平黌では，1799（寛政11）年，教科書用に四書を出版して以来，200余種の図書を刊行した。また，幕府直轄の諸学校に分与して，その文庫の基本図書とするとともに，市販もした。また教授参考用として文庫の蔵書が貸し出されるなど，昌平黌文庫は，他の直轄学校に対して中央図書館的な機能を果たしていた。

和学講談所文庫など　1793（寛政5）年，幕府の援助によって麹町に，『群書類従』の編纂，その他古文書の調査を主とした国学研究所にあたる和学講談所が設立された。『群書類従』は，塙保己一の編，日本の代表的な叢書のひとつで，貴重な文献を集大成している。ここに設けられた文庫を温故堂文庫という。その蔵書は『群書類従』を編纂するために収集されたものであるが，学生の利用にも供された。

　この他，多紀安元のはじめた異学所および洋学所，後の藩所調所も文庫をもち，その専門の図書を収集していた。

藩校の文庫　米沢の「興譲館」，名古屋の「明倫堂」，熊本の「時習館」，佐倉の「成徳書院」，水戸の「弘道館」，白河の「立教館」などの藩校文庫はみなすぐれた蔵書を所有していた。

　また，かつて寺院において学習のために仏書が出版されたように，藩校における学習テキストとして，四書五経などを出版する藩があった。1805（文化2）年に創設された庄内藩致道館（1873年廃校）も出版がなされ，現在，その版木は致道博物館に展示されている。

『群書類従』表紙　　　　富山藩校「広徳館」版『論語集註』表紙

「塙保己一　衆生に学術教授の図」　岡野竹園『学びの栞』（明治34年再版・中村鍾美堂）

5　個人文庫

　古くは「文章博士」だった菅原道真が文庫を設けたように，江戸時代も，学者のなかには多くの蔵書を収納する文庫をもっていたものがいる。主なものを以下にあげる。

- 1698（元禄11）年，伊藤東涯の建設した京都堀川塾の古義堂文庫。
- 江戸時代中期の国学者で尾張の吉見和幸，および河村秀穎の文庫。
- 1795（寛政7年），幕府の儒員古賀精里の設けた，江戸の万余巻楼。
- 近代考証学の祖といわれる，吉田篁墩や大阪の木村兼葭堂などの蔵書。
- 江戸の屋代弘賢の不忍文庫，同じく小山田与清の擁書楼の蔵書。ともに5万巻を越え，両人はともに1800年前後の代表的蔵書家であった。
- 青裳文庫。吉田篁墩と並称される，狩谷掖斎の文庫。約2万巻の図書を所蔵していた。

第3章　近世　　75

- 近藤守重の滝川文庫。1822（文政5）年建設。
- その他：大塩平八郎の洗心洞文庫，親見正路の賜蘆文庫，野間三竹の白雲書庫，新井白石の天爵堂文庫，大田南畝の杏花園文庫，山崎美成の好尚堂文庫，安田竹荘の香島文庫など。

6　公開文庫

江戸時代，文庫を公開したものには以下のものがいる。

第2代板坂卜斎は，浅草に文庫を設けて一般に公開し，「浅草文庫」と称した。岡山の河本一阿は，一般庶民の読書機関として「経宜堂」を設けた。

1818（文政元）年，福岡藩大目付岸田貞教が一般庶民の教化を目的に福岡櫛田神社に「桜雲館」を設立した。しかし，その創立後5年にして廃止された。

1831（天保2）年，仙台に公開された「青柳館文庫」は，青柳文蔵がその個人蔵書約3万巻と文庫基本金1000両をもって，向学の志をいだく，一般庶民の閲覧を目的として建設した。[→114ページ]

羽田八幡宮文庫は，1848（嘉永元）年，羽田野敬雄らによって文庫設立が話しあわれたのを始まりとする。貸出用の蓋付きの箱が用意され，2部10巻まで1カ月借りることができた。文庫の閲覧所を「松蔭学舎」といった。その蔵書数は1万357巻に及んだが，明治になって文庫が閉鎖，その蔵書が売却された。散逸を惜しむ人々によってそれが買い戻され，1911（明治44）年には豊橋市がその9271巻を買収，1913（大正2）年にそれを基礎に豊橋市立図書館が開館，現在に至っている。

その他，1854（嘉永7）年に開設された，伊勢の射和文庫なども公開文庫としてよく知られている。

なお，羽田八幡宮文庫について，細井岳登は「地域のなかの射和文庫」（『図書館文化史研究』第19号，2002年）において，

> これはアメリカ図書館史において「知識を獲得するために自発的団体を結成し，資金を出し合って設立図書館」と定義されるソーシャルライブラリー，特に所有者図書館との共通性がみられる。

と，興味深い指摘をしている。

7　貸本屋

　図書を提供するという点で，図書館と類似したものに貸本屋があった。1859（安政6）年，八戸町（現青森県八戸市）で大岡長兵衛が江戸より購入した図書で貸本屋を始めたところ繁盛したと『多志南美草』にあり，地域格差はあるにしても，図書を提供したという点で注目すべき存在である。大串夏身は，図書館の批判的な表現として「（無料）貸本屋」という表現がなされることに対して批判し，「かつて貸本屋は日本の文化のある部分を形成することに貢献」してきたとする（『これからの図書館　21世紀・智恵創造の基盤組織』青弓社，2002年）。

　なお，ここで八戸藩の「書物仲間」について触れておきたい。1783（天明3）年には，藩士によって「書物無尽仲間」が形成され，書籍を共同購入する組織ができており，後に「大仲間」「小仲間」と称される書物仲間に発展する。これは武士の「仲間」内で書物の収集，貸出などの管理，維持がはかられた組織であり，この大仲間が後に八戸書籍縦覧所を開設する。

　松田勝江は，書物仲間の形成の一因を，北地の小藩であった八戸藩は財政的に恵まれず，見るべき個人蔵書がなかったことにもとめ，それを「貧乏がうんだひとつの智恵」とし，書籍は広く利用されるもの，という考え方が育ったことが，八戸書籍縦覧所の早期開設の背景にあるとした（「八戸書籍縦覧所の開設」『はちのへ図書館だより』第27号，1966年10月）。

　近代の図書館が近世の文庫等と連続していないともされるので，八戸は特殊な例であったか否かは重要である。小林文雄は，書物仲間の「公共性」は「展望をもちえないという評価も可能」と，どちらかといえば否定的である（「武家の蔵書と収集活動—八戸藩書物仲間の紹介—」『歴史評論』第605号，2000年9月）。

　八戸市立図書館市史編纂室「小林家文書」のうちの『神道或問』は，巻首の右上に「奥南八戸豊受宮文庫」の黒印，右下に「書物仲間」の朱印が押されている。これによって，寺社関係にも文庫が形成されていたことが知られる。

第3章　近世　　77

8 朝廷（公家）文庫

　江戸時代の朝廷文庫としては，京都御所の「東山文庫」があげられる。後西天皇は，譲位後，残存の旧記を自ら書写し，公家たちにも命じて残らず複本をつくらせて，それらを院の文庫に納めさせた。これが，東山文庫の蔵書の基となる。

　霊元天皇も，諸方の神社仏閣などから皇室関係のものなど多数の文献資料を収集したと伝えられている。

9 神社文庫

　神社文庫は，一般には公開されなかったものと，書籍の公開利用を目的としたものとに大別される。

　非公開の神社文庫として注目されるのは，天満宮の文庫である。これは天神信仰により，文運を祈願して著書を奉納したり，書店仲間で新刊の書籍を奉納したため，文庫が形成されていった。

　京都の北野天満宮は，1702（元禄15）年，菅公800年祭に，文庫が設けられ，書店仲間が文庫講を組織，新刊書１部を奉納することを通例とするようになった。大阪の天満宮，住吉大社の両文庫も，大阪の書店を中心とする「御文庫講」による奉納図書によって成り立っていた。

　公開の神社文庫としては，伊勢の「豊宮崎文庫」と「林崎文庫」，賀茂の「三手文庫」などがよく知られている。

　豊宮崎文庫は，1648（慶安元）年に設立されたものであるが，神職子弟の勉学に寄与しようとするためのものであった。これに賛同して，学者などからの図書寄贈も多かった。

　文庫の管理については，文庫条令を定めて図書の出納がなされ，また儒生１人が選ばれ，出納，曝書などの講義も行われた。

　鴨別雷神社の三手文庫も，神職の研学を目的として設立された神社文庫のひとつである。1702（元禄15）年，講学所付属の文庫設立が計画され，同時に書籍の寄進のことを全国的に呼びかけた。その数年後に文庫が完成し，これを三

手文庫といった。なお，もともと上賀茂の社家は東・西・中の「三手」に分かれて寄合などをしていたことから，これを三手と総称し，三手文庫の名もこれから出たものである。

10　寺院文庫

　慈眼蔵文庫，真福寺文庫，増上寺経蔵，このほか浅草寺経蔵，京都南禅寺の金地院文庫，知恩院の華頂山文庫，仙台龍宝寺の法宝蔵文庫などはみな寺院文庫としてよく知られているものである。法宝蔵文庫は，1714（正徳4）年，住職実政法印が建立，後に藩主に献上，希望者に公開され，江戸時代，公開寺院文庫としては唯一のものとされる。[→113ページ]

　仏教諸宗の教学が復興するにつれて諸宗寺院には学寮が発生し，その学寮の学生に，その蔵書を閲覧させる学寮文庫が設けられるようになった。上野寛永寺の観学寮文庫などは，近世における寺院学寮文庫のなかでも代表的なもののひとつである。

　1682（天和2）年，了翁は寛永寺境内に観学寮講堂を建立したが，その蔵書は3万巻に達していた。講堂では日々講義がなされ，その文庫の蔵書は，研学に励む学生の閲覧に供した。

　1639（寛永16）年創立の竜谷学寮は，真宗本派本願寺の学寮で，仏教学，儒学などを講じ，文庫を設けて，その蔵書を学生の閲覧に供していた。1792（寛政4）年，文庫管理の職として「蔵司」をもうけて出納にあたらせた。また，1807（文化4）年には図書の取扱いを厳重にするため，はじめて出納に関する規定がもうけられた。

　以上述べたように江戸時代における寺院文庫は，主として教学研究のため僧侶の閲覧に供したもので，そのほとんどが一般世人に公開されるまでには至らなかった。

第4章
近 代

　西洋化が進むなか、図書館関係の法が制定され、各地に図書館ができるようになった時代である。公共、大学、学校、専門などの各種図書館が近代的施設として出現した。その諸相を把握する。

1　時代の概観
　政府は、富国強兵・殖産興業をスローガンにさまざまな政策を進め、近代西洋文化を模倣し、取り入れる。一方、その反動でナショナリズムも高揚し、国民文化も発展する。大正時代になると、大正デモクラシーのもと、都市文化ともいうべき大衆文化が発展するが、次第にファシズムに傾斜していくことになる。

2　明治期の図書館運動
　『学問のすゝめ』などの著作で知られる福沢諭吉は、明治期における教育等の活動で見過ごすことのできない人物である。諭吉は、幕臣として2度にわたり欧米を巡歴、その見聞記を著す。この「欧米見聞記」は、後に、『西洋事情』として発表され、

　　　西洋諸国の都府には文庫あり。「ビブリオテーキ」と云ふ。

と西欧の図書館が紹介されている。これは日本で西欧の図書館について書かれた最初の文献とされる。『西洋事情』は、ベストセラーとなり、当時の日本人に与えた影響は大きかったと考えられ、石井敦・前川恒雄『図書館の発見　市

民の発見』(NHKブックス(194), 1973年, p.82)では,

　　日本の公共図書館のスタートを早めるために大いに役立ったと思われる。
とされる。

　また1872(明治5)年, 文部省出仕市川清流によって, 文部大輔に対する書籍院建設の建白書が出された。これが後の湯島の官立書籍館設立につながるものとしたら注目される。市川清流(渡)は, 外国奉行として日露和親条約や日米通商条約の締結に至らしめた岩瀬忠震の用人であった。忠震は井伊直弼に左遷され1861(文久元)年に没するが, 市川は, この年末に, 幕府のヨーロッパ諸国歴訪の使節団に副使松平康直に従って参加した。市川は「博物館」「公衆便所」の関連で知られるが, 大英博物館を訪問して図書館を見学し, それについて的確な記述を, その日記『尾蠅欧行漫録』に記してもいる。この日記は, イギリスの「文人外交官」として知られ, イギリスと日本の文化交流に多大な影響を与えたアーネスト・サトウによって英訳され, 発表されている。

　また, 文部大輔もつとめた田中不二麿も図書館運動の先駆者として, 福沢諭吉とともに記憶されるべき人物である。田中は, 1871(明治4)年, 岩倉特命全権大使欧米派遣のときに随行し, アメリカ・イギリス・フランス・ロシア・イタリアなど各国の図書館も視察した。また, 1876(明治9)年に渡米し, アメリカの公共図書館を見学している。田中は, 日本においても図書館設置の必要があると考え, 1877(明治10)年, 公立書籍館設立を促す論文を発表した。

　また当時日本にいた, 開拓使ホラシー・ケプロン(Horace Capron)や, 京都府御雇教師チャールズ・ボルドウィン(Charles Boldwin)など外国人の図書館事業に対す

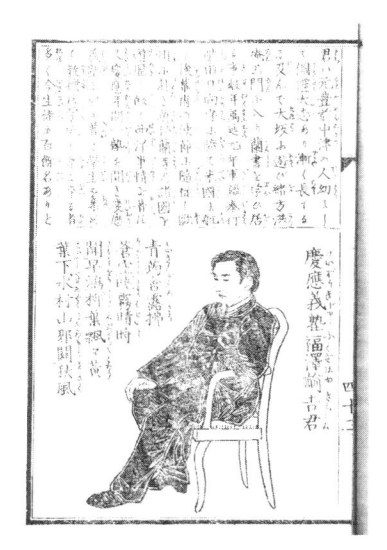

安井乙熊編輯『明治英名百人首』(明治14年)
福沢諭吉

第4章　近代

る建言も軽視できなかった。

　1892（明治25）年になると，田中稲城，西村竹間らの発起により，「日本文庫協会」が発足，日本においてはじめての図書館団体となる。

　1897（明治30）年4月，貴族議員外山正一らの発議により，「帝国図書館官制」が定められ，帝国図書館は，官立図書館としての歴史を始めることになる。

　1899（明治32）年，はじめて「図書館令」が公布され，各地に公私立図書館設立の機運が生じた。また，図書館学も，田中稲城，和田万吉，西村竹間，市島謙吉らによって研究がなされるようになる。

　明治時代の図書館活動は，関西を基盤として発展することになる。1900（明治33）年，京都帝国大学附属図書館内に，島文二郎，秋間玖磨らの発起により「関西文庫協会」が創設され，機関紙『東壁』が発行されている。これは，4号をもって廃刊となるが，図書館雑誌の先鞭というべきものである。

　その後，1907（明治40）年には，日本文庫協会が機関紙『図書館雑誌』を発行する。そして，翌08（明治41）年には「日本図書館協会」と改称し，全国図書館の総合団体となった。

3　大正・昭和期の図書館運動

　1915（大正4）年，大正天皇の即位式を記念し，全国に多数の公私立図書館が設立されている。皇室と図書館等のかかわりはこれのみにとどまらない。たとえば，大正天皇が皇太子であった1908（明治41）年9月，石川県の金沢第二中学校を訪れたが，それを記念して「皇太子殿下行啓記念文庫」が創設され，図書室の充実につながっている。

　1921（大正10）年に「文部省図書館講習所」が開設され，図書館員の養成が，国によっても行われるようになる。

　1927（昭和2）年，大阪に「青少年図書館員連盟」が結成され，機関紙「図書館研究」を発刊する。全国的な図書館学研究団体として活動する。この団体が日本十進分類法（N.D.C），日本目録規則（N.C.R），日本件名標目表（N.S.H）を発表した。いうまでもなく，図書館における根幹をなす規則であり，今日に

おいても，図書館の標準的規則となっている。この団体は，第2次世界大戦中の1943（昭和18）年，一時，解散している。

4　図書館行政の変遷

　幕藩体制の地方分権と異なり，明治政府は「中央集権」であったため，公的な図書館のありようは，国の図書館行政と密接な関係にある。つまり図書館関係の法規がどのようなものであるかによって，図書館のありようが決められるということになる。

　図書館のことをはじめて記した法規は，1879（明治12）年発布の「教育令」である。それに，図書館は部卿の監督下におかれることが規定される。これは学校と同じ扱いである。また同年，「文部省布達」で公立図書館設置についての基準が明らかにされる。

　1890（明治23）年，市町村制が実施，その結果「小学校令」が改正され，図書館の市町村立が認められた。まだこの時点では，図書館は，幼稚園などとともに小学校と類似した各種学校として扱われている。

　1897（明治30）年，先にも述べたように外山正一らの発議によって「帝国図書館官制」の公布がなされる。

　1899（明治32）年，「図書館令」が交付，最初の単独図書館法規である。これによって，図書館は，その法的地位がはじめて明確にされた。

　1906（明治39）年，「勅令」により，以下のように図書館職員の資格待遇が規定された。

　　図書館職員　館長　待遇は，奏任文官，判任文官と同一
　　　　　　　　司書　待遇は，奏任文官，判任文官と同一
　　　　　　　　書記　待遇は，判任文官と同等

　また，この年，「文部省令」により，図書館の設置，経営についての規定が公布された。

　1933（昭和8）年，「図書館令」が全面的に改正される。注目すべき点のひとつは，次に示す「第1条」のように，図書館の目的を規定し，図書館の教育的地位が

明確にされたところである。

　　図書館ハ図書記録ノ類ヲ収集保存シテ公衆ノ閲覧ニ供シ其ノ教養及ビ学術
　　ノ研究ニ資スルヲ以テ目的トス
　　図書館ハ社会教育ニ関シ附帯施設ヲ為スコトヲ得

ただし，同時に公布された「公立図書館職員令」による職制では，館長以下書記まで事務職員としての職掌しか認められていない。

次に注目されるのが，道府県中央図書館制度を設け，中央図書館に，同じ道府県館内の図書館の指導権をもたせたことである。中央集権的ではあるが，組織の形成という点では意義のあることである。

なお「図書館令」では，公立図書館の設置は道府県，市町村の任意設置とされるため，財政力のないところは図書館が設置できないという，地域格差が生じた。

大学図書館についてもみておく。

1876（明治19）年，「帝国大学図書館規則」の制定。

1897（明治30）年，「東京帝国大学附属図書館規則」が定められる。官制上で図書館長がおかれるようになった。

1911（明治41）年，「勅令」により，司書官，司書の職制が設けられる。

高等諸学校については，「高等学校規定」，「専門学校規定」で，図書室を備えるべきことが規定されている。

なお，1921（大正10）年，図書館学校としての「文部省図書館講習所」が開設。国家として図書館員の養成を必要としたことがうかがわれる。また1936（昭和11）年，「文部省令」をもって「公立図書館司書検定試験」の規定が設けられ，資格基準が明らかにされたが，戦後，その検定制度は廃止されている。

5　帝国図書館

明治政府は，中央集権によって，近代国家の建設をめざしたが，それは教育においても例外ではなかった。

1868（明治元）年3月，京都の「学習院」を開校，同年6月，東京の「昌平学校」

を復興し，国家の管轄下においた。

　学制が公布されて，学校が誕生した1872（明治5）年9月，東京湯島の旧昌平学校を仮館とし，昌平学校伝来の図書および開成所の洋書を基として「書籍館」を開設した。官立公共図書館の創始という点で注目される。書籍館では閲覧規則が定められ，閲覧料がとられていた。ちなみに，貴重図書と一般図書では閲覧料が異なっていた。

　書籍館には，各地から続々と図書が寄贈されるなど，社会的にも大きな影響を与えたが，1875（明治8）年には内務省の所轄となり，所蔵本すべてが浅草に移され，「浅草文庫」として公開されることになる。さらに，1881（明治14）年には，浅草文庫は農商務省の所属となり，その後，1884（明治17）年には，「太政官文庫」新設の際に，そこに引き継がれることになった。

　文部省は，1875（明治8）年，湯島の旧書籍館の建物に「東京書籍館」を設立する。かつての書籍館では閲覧料がとられたが，ここでは徴収されなかった。また，内務省に納本された新刊図書は東京書籍館に転送され，1876（明治9）年には，図書目録が刊行された。

　1877（明治10）年になると，西南の役が勃発したため，財政的な理由で，東京書籍館は東京府に移管され，「東京府書籍館」として新たに出発した。

　1880（明治13）年になると，国は東京府書籍館を接収し，再び文部省の所轄とし，「東京図書館」として新たに発足した。

　1897（明治30）年，帝国図書館官制が制定され，東京図書館は「帝国図書館」と改称された。

　1906（明治39）年，上野に新館が開館される。蔵書数は約24万冊，普通閲覧室250人，特別閲覧室約85人を収するなどし，建物も整備も立派な，当時としてはすばらしい図書館が建てられた。それは東洋随一の近代国家の体裁を誇示するにふさわしいものであった。

　『注文の多い料理店』ほかの童話などで知られる宮沢賢治も，上京のおりにはここを利用した。「図書館幻想」という作品も，その利用なくして成されなかったものといえる。なお，宮沢賢治が利用した時期は，関東大震災の罹災に

より，多くの図書館の蔵書が焼失したなか，罹災を免れた帝国図書館に利用者が集中した時期でもある。

　第2次世界大戦の敗戦国となり，「大日本帝国」ではなくなったこともあり，1947（昭和22）年，帝国図書館の名称は「国立図書館」と改称された。また1949（昭和24）年に国立国会図書館支部上野図書館となった。

6　帝国図書館などの設立と出版

　図書館の設立は出版業界にも影響を与えた。一例をあげる。1883（明治16）年3月に出版届が出され，山口恒七，北村孝次郎，梶田喜蔵（いずれも大坂）が出版人となった，近藤法寿編画『小学女礼式』という礼法の教科書がある。これが刊記不明なものの，著者名を記さず『新撰女礼式』と，外題，内題を変えただけで，後に青木嵩山堂から出版された。この『新撰女礼式』の刊記に記された青木嵩山堂の「肩書き」は以下の通りである。

　　　和漢洋書籍発兌処
　　東京帝国大学　京都大学　高等師範学校　第一高等学校　学習院　帝国図
　　書館　御用書肆

　今でも「宮内庁御用達」という，いわば自社製品等の付加価値をなすところがあるが，それと同様なことが出版界でも行われたのである。上記の学校と帝国図書館を附記することによって，その出版物が信用に足るものであることになったのである。

7　宮内庁書陵部と内閣文庫

　各官庁は，国家的貴重文献を収集，保存するための文庫を設けていた。たとえば，内務省の千代田文庫，司法省文庫，海軍省の海軍文庫，陸軍省の陸軍文庫，などである。太政官の太政官文庫（現在の内閣文庫）と，宮内省の図書寮（現在の宮内庁書陵部）はその代表的なものである。

　1884（明治17）年，宮内省の図書寮が復活，歴代の皇統譜，皇室典範の正本，詔勅，皇室令の正本，および伝世御料台帳に関する事項，天皇，皇族の実録編

纂，さらには皇室図書の保管などがなされた。

　その後，1888（明治21）年に壬生小槻家の官務文庫，1890（明治23）年に古賀家万余巻楼の蔵書，1896（明治29）年に徳山毛利家の棲息堂文庫，1909（明治42）年に伊勢藤波家の蔵書，1916（大正5）年に土御門家の蔵書などの献本があった。また旧幕府の紅葉山文庫，および昌平黌の旧蔵本の一部が引き継がれた。

　1884（明治17）年，太政官は諸官省所属の図書を総合収蔵するための文庫を赤坂離宮内につくり，修史館の紅葉山文庫本のほか，宮内，内務，大蔵，外務，文部，農商務，逓信の各省および元老院，会計検査院などの蔵書を全面的に移管した。このときの引継図書は約40万冊といわれる。この文庫を「太政官文庫」と称した。翌年，太政官が廃止，内閣となったので，文庫名も「内閣文庫」と改称された。

　1889（明治22）年，内閣文庫が桜田門に新築され，旧内閣文庫の蔵書の一部が移管，翌年，内務省の千代田文庫本もすべて引き継がれる。

　1894（明治27）年，内閣文庫は，旧千代田文庫の建物に移される。

　1911（明治44）年，内閣文庫は，大手門内に新築された建物に移される。

　なお，以後，行政組織上，数次の変遷を経て，1971（昭和46）年総理府設置法の一部改正により，国立公文書館の一課として統合されて現在に至る。また1998（平成10）年にはつくば研究学園都市内に「つくば分館」が設置されている。2004（平成16）年3月現在，公文書が約58万冊，紅葉山文庫本，昌平坂学問所本，和学講談所本，医学館本などの古書・古文書が約48万冊所蔵されている。1階では，常設展示の他特別展示も行われ，専門図書館ならではの，ほかに類のない企画がなされる。

8　貸本屋

　江戸時代に引き続き貸本屋は，明治になっても利用されて，有料で図書を貸し出していた。また，たとえば，1873（明治6）年，金沢の町民有志の出資によって設け，閲覧料を徴収する，いわば組合図書館の「叢書堂」のように，簡易図書館も設けられるようになる。これは，貸本屋から図書館の機能へ移行す

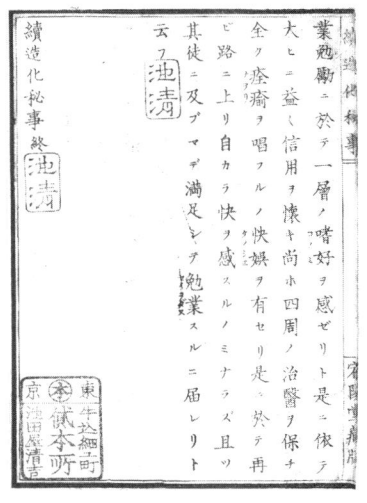

明治時代の貸本屋
池田屋清吉の印のある本

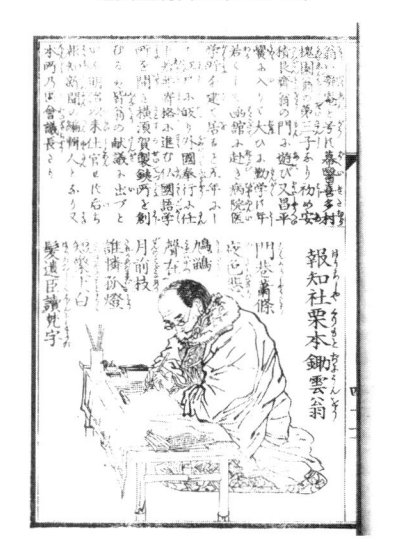

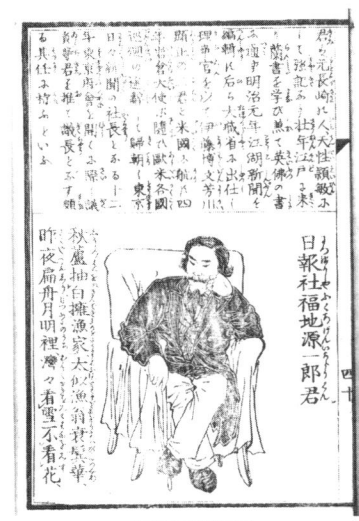

安井乙熊編輯
『明治英名百人首』（明治14年）

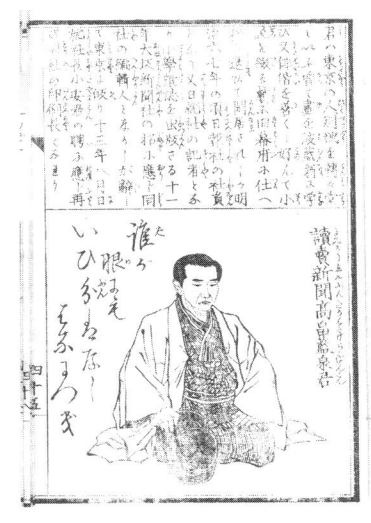

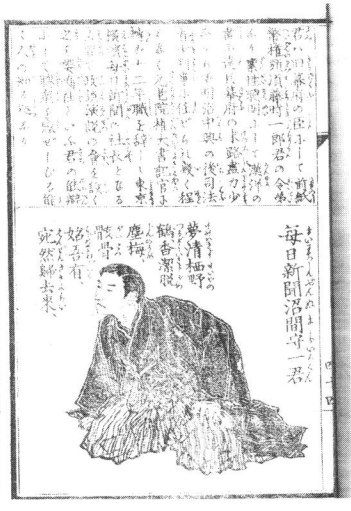

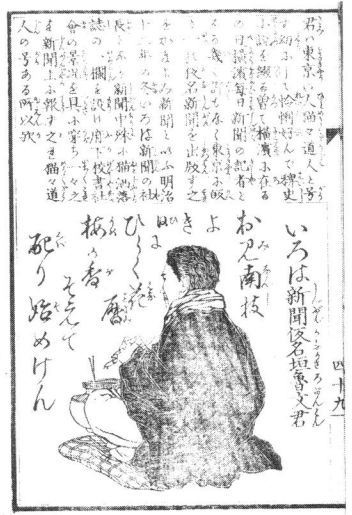

新聞関係者が「英名」な存在であったことが知られる。

第4章 近代

る過程とみなされている。

9 新聞縦覧所など

　明治になると，それまでにはなかった新聞，雑誌，翻訳書などが発行され，これらを閲覧することができる「新聞縦覧所」などがつくられることになる。

　印刷されたニュース媒体というならば，すでに「瓦版」が17世紀からあり，1868（慶応4）年5月の『新聞鑒定表』では14種の新聞に批評が加えられている。明治維新以後は，翻訳新聞，正論新聞，小新聞などが発行され，具体的には，バタビア新聞，横浜毎日新聞，郵便報知新聞，東京日日新聞，時事新報，国民新聞，平民新聞などがあった。

　1872（明治5）年以前に設立されたをものに，福井県南条郡武生の新聞会同盟，横浜の新聞縦覧所などがある。その後，こうした施設が各地に設けられるようになる。これは明治期図書館運動の前ぶれという評価がなされている。

　なお，1872（明治5）年に和泉屋吉兵衛より刊行された於菟子訳述『啓蒙知恵乃環』（第百六十五課新聞紙及び書籍の論）に以下のようにある。

『俳誌南海道』（大正5年1月刊）　口絵　大阪毎日新聞取次所「岡明館」

人の知識見聞を広むるものは新聞紙と書籍に若くはなし。近来新聞紙多く出来書物の出版もますます盛んにして教道芸術に益あるもの日々に多し。
　出版がさかんである社会状況のなか，「益」あるものとして読書がなされたのである。
　また，明治初期に成された教科書類のひとつに師範学校編纂『小学読本』がある。当時の多く県で翻刻・刊行された。その「巻三第十」は読書について書かれている。少し引用が長くなるが，当時のひとつの「読書」観を知るうえで参考になるので，以下に全文をあげる。
　爰に，二人の童子あり，一人は，手に書を持ちて，これを読めり，此童子は，勉強して，能く書を読むと，見えたり。
　其書は，久しく用ゐたるものなれども，猶新き物の如し，因りて此童子は，怠惰ならずして又書を大切にすることを，知れり，
　彼は，日々学校に行きて，小学読本を学び，習ひ得たる所の，章は，能く

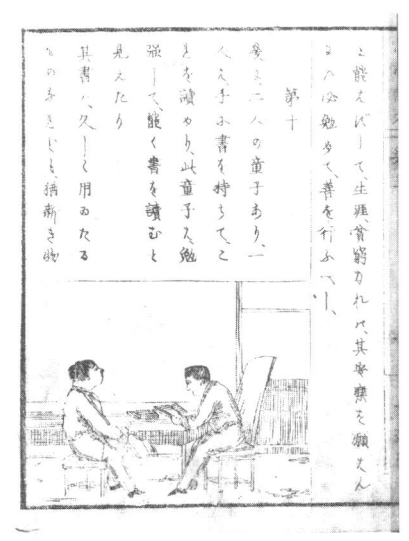

『小学読本』

『普通読本一編下』（明治20年再版）見返し
明治初期の教科書類を発行した集英堂店頭図

第4章　近代

暗誦して，忘るゝことなかるべし，

今一人の童子は怠惰のものと，見えたり，何如にとなれば，彼が持ちたる書，悉汚れ，また所々，裂け破れたるゆゑなり，

此童子は，労して，書を読むと雖，忘れたる処，数箇条なれば，読むこと，能はず，彼は，固り書を好まざるゆゑに，かく学びたる所を，多く忘るゝなり，

汝は，彼の顔色を見て，書を好まざることを，知れりや，○彼の顔色は，怠惰なるを表せり，彼もし善良にして，能く書を読むことを好まば，其顔色，斯の如くに，見ゆることなし，

善良なる童子は，斯る顔色とは，異にして，必聡敏に，見ゆるものなり，

彼は，能く心を用ゐざるゆゑに，其書も，破れ汚れたり，斯る懶怠のものは，遂に困窮，卑賤の身と，なるべければ，尤も誡むべきことならずや

吉田右子は『メディアとしての図書館　アメリカ公共図書館論の展開』（日本図書館協会，2004年，p.4）で，アメリカの近代公共図書館思想について「その思想的中核には，図書を介して利用者である市民の自己改善をうながし深め，その中から個人の自己発展を導こうとする教育的色彩が強くみられた」とするが，日本の場合も「読書」の効用が上記のように説かれている。

10　明治期の公共図書館

1872（明治5）年，京都で発足した集書会社は，京都府庁保管の旧学習院本，皇学所の大御学都可佐文庫本，二条城引き継ぎのときの接収図書などを貸与された。1873（明治6）年，京都府所管の集書院として新発足するが，1882（明治15）年，来館者が少ないという理由で閉鎖される。

石井敦・前川恒雄『図書館の発見　市民の発見』（前掲，p.98）では，評価が分かれていることを述べ，

> 福沢諭吉の『西洋事情』を引用して「ビブリオテーキ」を真似して設けた点と，みんなで金や本を出し合う会員制図書館（Subscription Library）を目指したことなどが，公共図書館の先駆的なものとして評価されるのである。

とする。

　なお，1890（明治23）年には，京都府教育会の図書館が開設されている。

　このほかの地方公開図書館としては以下のものなどがある。

　　1872（明治5）年　群馬県安中町に私費で設立された，いわゆる通俗図書館「便覧社」は，一般人が無料で閲覧できた。

　　1873（明治6）年　青森県八戸町に私立八戸書籍縦覧所が設立される。その後，公立八戸書籍館，八戸青年会附属図書館，八戸町立図書館などの変遷を経て，今日の八戸市立図書館に至っている。なお，「青年会」という団体は八戸に限定されるものではない。その活動のなかに図書とかかわることがあるということは図書館史において注目される。青年会の図書館については，奥泉和久が図書館運動の系譜に位置づけている（「図書館運動の系譜―長野県下伊那郡青年会の図書館運動をめぐって―」『図書館文化史研究』第18号，2001年）。

　　1874（明治7）年　この年に設立された共存同衆文庫は，当時の文明開化主義の知識人たちによって共同経営されていた。

　　1875（明治8）年　石川県鳳至郡劔地村に饒石文庫が設立される。

　　1876（明治9）年　大阪府立書籍館および埼玉県立浦和書籍館が設立される。

　　1877（明治10）年　大阪住吉大社内に書籍縦覧所において「住吉御文庫」の図書が無料公開される。

　　1878（明治11）年　静岡師範学校内に静岡書籍館が開設される。

　このように，1872（明治5）年以後，次第に図書等を閲覧する施設が設けられ，これが公共のために公開図書館を設立しようとする機運となっていったとされる。

　　1887（明治20）年　大日本教育会が神田一ツ橋の事務所内に附属図書館を開館する。それは東京図書館から和漢書約1万5000冊の貸与を受けていた。児童室も公開されていることから，わが国の児童図書館のはじめという評価もある。

　　1889（明治22）年　大日本教育会は神田柳原に移転する。文部省は，東京

図書館の分館的性格をもたせていた。

1891（明治24）年　書庫を新築し，「大日本教育会書籍館」となる。1911（明治44）年に東京市に引き継がれ，「東京市立神田簡易図書館」として新発足した。

大日本教育会書籍館の活動は，地方教育会にも影響を与える。地方教育会は，1899（明治32）年の図書館令の公布まで，地方における公開図書館の設立運動を促進した組織であり，図書館令公布も，地方教育会の図書館設置運動がなくてはならなかったとみられる。

1888（明治21）年　高知図書館の運営は高知教育会に委託される。

1890（明治23）年　京都府教育会図書館が設置され，1898（明治31）年に京都府立図書館に発展した。

1892（明治25）年　千葉県教育会付属図書館が設置され，その後，千葉県立図書館の基礎となる。

1900（明治33）年　山梨県教育会，前橋市立上野教育会などの付属図書館が設置される。

1899（明治32）年　図書館令が公布されたため，公立図書館および私立図書館が多く設立される。近代図書館史上，最も注目される活動をした図書館長の1人佐野友太郎が赴任した秋田県立秋田図書館は1899（明治32）年，山口県立図書館は1902（明治35）年に設立されている。

以下，公立図書館および私立図書館の設立を時系列にあげておく。

1899（明治32）年　松江図書館

1900（明治33）年　群馬県上野教育会附属図書館など

1901（明治34）年　成田図書館

1902（明治35）年　鹿児島県教育会付属図書館，大分県教育会福沢記念図書館，鳥取文庫，大橋図書館など

1903（明治36）年　山形県教育会山形図書館，盛岡図書館，足利学校遺跡図書館，東大寺図書館，弘前図書館など

1905（明治38）年　香川県教育会図書館など

1906（明治39）年　東京市立日比谷図書館など
1907（明治40）年　青森市立図書館など
1908（明治41）年　和歌山県立図書館，福島市立図書館，福井市立図書館など
1909（明治42）年　岐阜県教育会図書館，山形県立図書館など
1910（明治43）年　沖縄県立図書館など
1911（明治44）年　神戸市立図書館
1912（明治45）年　石川県立図書館，長崎県立図書館，熊本県立図書館など

11　大正・昭和期の公共図書館

　公共図書館の設立に大きな影響を与えたのが，大正の御大典記念事業であった。これにより多くの公共図書館が設立された。その規模，施設整備などについて詳しくはわからないが，単純に数だけに着目すると，1915（大正4）年3月現在調査によれば，公私立公共立図書館総数702館のうち，私立は半数を超える408館であったが，府県立21館，市立31館，郡立47館，町立55館，村立140館となっている。

　1923（大正12）年におきた関東大震災は図書館にも多大な被害をもたらし，大橋図書館などの公共図書館，また安田善次郎の松廼舎文庫，井上通泰の南天荘文庫などの貴重な個人文庫が焼失した。

　しかし，大正後期の経済の発展にともない，各府県の公私立公共図書館も増加した。公立としては1924（大正13）年に千葉県，埼玉県，北海道庁，

右／現・弘前市立図書館
左／旧・弘前市立図書館

第4章　近代　　95

1925（大正14）年には函館市，1928（昭和3）年には青森県，その後，県立では福島，長野，佐賀，鳥取，山梨，大分，岐阜，香川，愛媛，三重，富山，滋賀，島根などが新設された。それらの各館は，1933（昭和8）年の図書館令に基づく県立中央図書館として，その機能を発揮することになる。

　また市立では西宮，金沢，岸和田，広島，三原，宇治山田，八幡，門司，直方，東京の中野，寺島，清水，戸畑，甲府などの図書館が新設された。

　私立公共図書館としては，大正末期から昭和にかけて，酒田光丘文庫，東京の青山会館図書館，川崎の大師図書館，銚子の公正図書館，野田の興風会図書館，近畿では宝塚文芸図書館，奈良の天理図書館，滋賀県の近江兄弟社図書館，京都の和風図書館，九州日出の帆足記念図書館，佐賀県白石の弥栄郷土図書館，四国では丸亀市図書館，坂出の鎌田共済会図書館，琴平の金刀比羅宮図書館，天理教本島図書館，高知県佐川町の青山文庫，中国では津山基督教図書館，金光図書館，岡山県西江原町の興譲館図書館，中部北陸では高岡の眉丈文庫，仏子仏教図書館，富山の浅田図書館など全国的に多数の図書館が設立された。

　こうしたもののなかには神社，寺院あるいは教団などの設立するものが多く含まれている。

　1940（昭和15）年，2600年の祝賀を記念して，その前後に図書館の新設が多くなされた。1940（昭和15）年には，大和橿原文庫，下関市立図書館，新居浜図書館，佐世保市立図書館，富山県立図書館，私立近江兄弟社図書館などが開設された。

　なお日本文化研究の気運に関連して，昭和7年には大倉精神文化研究所付属図書館，1935（昭和10）年には国際文化振興会図書室，1939（昭和14）年には福岡の斯道文庫，官立の国民精神文

現在の佐世保市立図書館
造船の町にちなんだ舟をイメージさせる建物

化研究所図書室などが新設された。

科学技術関係では，東京科学博物館図書室，特許局図書館など，また私立では日本労働科学研究所図書室などが設けられた。

また軍需品生産工場には調査室，資料室などが設置され，大工場には，従業員のための教養文庫が整えられたり，公共図書館から国策図書で構成された巡回文庫がとどけられた。

1941（昭和16）年以後，太平洋戦争中は，図書館の読書指導が，国策図書の推薦に重点がおかれるなどした。

12　学校・大学図書館

学校の附属施設としての図書館的なものは，古くから設けられていた。1859（安政6）年，渡米して，近代的図書館を視察した勝海舟が関与した軍艦操所や，神戸海軍操練局には図書室が設けられていた。

その後，1869（明治2）年に設置された海軍兵学寮に設けられた文庫は，閲覧規則が設けられており，図書台帳，出納簿などが備えられ，係員2人が配置されており，明治期の近代的学校図書館として最も古いものとみなされている。

1877（明治10）年，学習院が神田錦町に開校された。3183部，1万5406巻という数の和漢洋の蔵書を備えていた。その後，1883（明治16）年に独立の図書館が新設され，1884（明治17）年に官立学校となり，1908（明治41）年に現

「青森県師範学校」

在の目白校舎に移転，翌年，新築の図書館が成る。

　学習院開校と同じ1877（明治10）年に，法理文医四科の総合大学として東京大学が設立された。法理文学部には図書館が，医学部には書籍室が設けられた。その後，1884（明治17）年，法理文学部は本郷に移転，そこにも図書館が設けられた。1886（明治19）年3月，東京大学は帝国大学と改称され，それにともない同年10月に帝国大学図書館規則が制定される。それによって中央図書館としての地位が明らかにされた。1893（明治26）年，新築の図書館が開館される。1897（明治30）年6月，京都帝国大学が設立されたため，帝国大学は東京帝国大学と改称され，図書館は「付属図書館」となった。1923（大正12）年，関東大震災により全焼したが，1928（昭和3）年12月，鉄筋コンクリート建の大図書館が再建され，指定図書閲覧室，小研究室，参考図書室など新しい奉仕制度がとり入れられる。

　なお明治大学，専修大学，日本大学，東京商科大学，東京高等工業学校などの図書館も被害をこうむった。そのため，こののちは図書館は，耐震耐火建築，すなわち鉄筋コンクリート建，書庫は鉄製書架構造様式が重視されるようになった。

　京都帝国大学付属図書館は，1899（明治32）年12月開館し，建物が新築されるなどし，今日に至っている。その他，各地の師範学校，中学校で図書館を付設するものもあったが，明治期，大学や専門学校では，次のような図書館が開館している。

　　1882（明治15）年　神宮皇学館図書部，大谷大学の前身高倉学寮文庫，東京専門学校図書館
　　1884（明治17）年　第一高等学校図書室
　　1885（明治18）年　中央大学図書館
　　1887（明治20）年　同志社大学図書館
　　1898（明治31）年　慶應義塾大学図書館
　　1902（明治35）年　早稲田大学図書館

大正期以後にも多くの学校図書館が設けられ，学校教育に必要な施設となっ

ていく。

13　私設図書館

　明治中期以降に至って，次第に教育が普及し，国民文化が高まるにつれて，国家的自覚も深められ，維新以来，省みられなかったわが国伝統文化に対して，次第に新しい認識が高まるに至った。

　ことに明治中期以降，政府の古美術，文化財の保護政策は，古典尊重の精神を喚起し，やがてこれが図書にも及び，旧家は家祖伝来の図書を保存し，富豪などは貴重図書を収集して文庫を設け，さらに書誌学の発達とあいまって，私設図書館の発展となる。

　個人文庫の例として，ともに滋賀県にあった杉野文庫と里内文庫について述べる。

　弁護士であった杉野文弥の杉野文庫は，1906（明治39）年「財団法人江北図書館」となり，現在に至る。呉服商であった里内勝治郎は，1908（明治41）年に児童図書の「巡回文庫」を開始，後に里内文庫をつくり，閲覧のほか，展覧会，講習会も行う。約1万冊あったとされる蔵書のうち，歴史資料の多くは，現在，栗東歴史民俗博物館が所蔵する。図書館で勉強し，法学院（現・中央大学）に入学，弁護士になることができた杉野文弥は「ああ図書館というものは有り難いものである」と述べ，里内勝治郎は「本で生き本で死ぬるわが世かな文庫のことは夢のまた夢」という，豊臣秀吉のものを踏まえた辞世歌を残す。社会的な図書館の価値に求めるか，愛書に求めるか，施設文庫開設の主な動機がうかがわれる。

　さて，その他，主なものに以下の文庫がある。

　成田図書館　1902（明治35）年，千葉県の成田山神護新勝寺第15貫主石川照勤によって設立される。ここで発行された「館報」は公共図書館としては最初のものかとされる。今日ではあまり注目されないが，明治以来の貴重な資料が所蔵されている。

　大橋図書館　1902（明治35）年，出版社「博文館」の創立者大橋佐平，新太郎によって設立された。現在はない。博文館は，書籍にとどまらず，多くの雑

誌を発刊し，全国に「雑誌大売捌所」を設けるなどして，近代出版史上，最も注目すべき出版社である。

南葵文庫 1902（明治35）年，麻生飯倉町の邸内に，徳川頼倫は，紀州徳川家関係の子弟らの閲覧のために，図書館「南葵文庫」を開設した。1908（明治41）年には一般公開された。その蔵書は，旧藩以来の図書に個人文庫を加えたものであった。1923（大正12）年，大震災で全焼した東京帝国大学図書館に，頼倫は，南葵文庫の全蔵書を寄贈した。

蓬左文庫 1932（昭和7）年，目白の尾張徳川邸に隣接して設立した図書館「蓬左文庫」は，家康の御譲本を基礎とする。一般公開もなされていた。また，徳川林政史研究を目的とする歴史研究室も附属していた。

松廼舎文庫と安田文庫 第2代安田善次郎が収集した蔵書の文庫「松廼舎文庫」は，関東大震災で焼失した。その後，安田家では新たに図書が収集され，麹町区平河町の自邸内に，いわゆる「安田文庫」が設けられた。

静嘉堂文庫 岩崎弥之助は，日清戦争前後から貴重書を収集し，多数の宋元版を所蔵した。その文庫は，駿河台の岩崎邸内に設けられていたが，1911（明治44）年，高輪邸前の新図書館に移転した。嗣子小弥太も集書し，1924（大正13）年，玉川河畔紅葉山に図書館を新築し，これを研究家に公開していた。これが現在の静嘉堂文庫である。

東洋文庫 前中華民国総統府顧問モリソン（George Ernest Morison）は東洋文献を収集した。その文庫「アジア文庫」（Asiatic Library）は，大正初年頃，東洋文献の図書においては最大とされた。1917（大正6）年，岩崎久弥がその全蔵書を購入し，その後，日本，印度，蘭領印度関係の部門を設け，これらを総合して東洋文庫といった。1923（大正12）年，本郷駒込上富士町に新館を開設し，東洋文庫と岩崎久弥の集書の岩崎文庫を合わせる。

楳栲書屋 東京日本橋の小田原屋早川竜助の「楳栲書屋」は，植物に関する洋書文献を主とする，いわば植物学文庫であったが，関東大震災のときに焼失した。

杏雨書屋 大阪の製薬商武田長兵衛の「杏雨書屋」は，本草関係和漢書を主

明治23年　博文館雑誌売捌所

とする，いわば本草学図書館である。

黒川文庫　黒川春樹，真頼，真道三代は，明治・大正期の学者としてよく知られる。日本の歴史，国文学関係の学術文献を中心とする集書による黒川文庫は，関東大震災により，書庫2棟のうち1棟を焼失した。

竹柏園文庫　竹柏園文庫は，歌人として知られる佐々木信綱の文庫で，御記，宸翰，神道，国学，国史関係の図書を多数所蔵した。

神宮文庫　神宮文庫は，伊勢神宮の神社文庫であり，神宮皇学館の図書館を兼ねていた。1925（大正14）年，近代的図書館が新築され，現在に至る。

その他　旧藩主の文庫としては，加賀前田家の尊経閣文庫，徳山毛利家の棲息堂文庫，備前池田家の文庫など，公家関係では近衛家の陽明文庫，富豪の文庫としては三井家の三井文庫などがある。

また，学者の文庫としては，井上通泰の南天荘文庫，徳富猪一郎の成簣堂文庫などがあった。

14　寺社関係の文庫

神社関係では，讃岐の多和神社の多和文庫，京都八坂神社の八坂文庫，金刀比羅宮図書館がある。なお多和文庫は，多和神社（香川県さぬき市志度）の宮司であった松岡調（みつぎ）の蒐集した書籍等をおさめるもので，1885（明治18）年に松岡が散逸を恐れて境内に創設した文庫である。先に述べた羽田八幡宮文庫も，何故に八幡宮に設けられたかといえば，伊勢神宮の例にならい，神社の境内に文庫を建てて神の宝とすれば永代伝えられると考えたからである。こうした発想は，当時の社会文化を反映したものと思われる。その意味で，図書館文化史的には注目される。なお，神のご加護があったかは別として，羽田八幡宮文庫所蔵本は一端は散逸してしまうが，その多くは，現在，豊橋市立中央図書館に所蔵されている。また多和文庫も現存する。

寺院文庫では，真福寺文庫，叡山文庫，東大寺図書館，京都智積院の智山書庫などが知られる。

15　通信制図書館

　藩主・貴族・学者・神社・寺院といった伝統的なものと異なる，いかにも明治らしい図書館として通信制図書館がある。これには，1898（明治31）年開設の「山縣図書館」，1906（明治39）年に回覧が開始された「婦女新聞図書回覧会」がある。永嶺重敏『〈読書国民〉の誕生　明治30年代の活字メディアと読書文化』（日本エディタースクール出版部，2004年，p.49）では次のように評されている。

　　通信制図書館は，郵便という近代になって新しく普及してきたコミュニケーション手段を活用して，書店も図書館もない地域に住む全国の読者に書籍雑誌の貸出を行なおうとする壮大な試みであった。

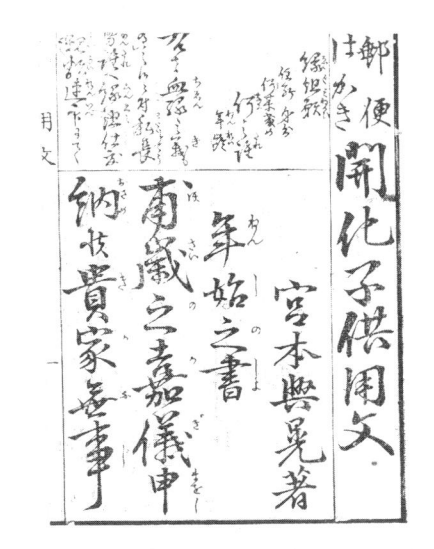

手紙の書き方『開化子供用文』（明治29年刊）巻頭

第5章
現 代

　敗戦後，それまでの政治体制とは異なるもとで，アメリカの強い影響を受けながら，公共，学校，大学，専門などの各種図書館活動が展開していった時代である。図書館制度の進展，すなわち国立国会図書館法，図書館法，学校図書館法などが公布された。こうした，現代の図書館のありよう，また置かれた環境について把握する。

1　図書館行政と図書館活動

　1945（昭和20）年8月，第2次世界大戦が終結し，日本はアメリカの指導のもとに図書館行政がなされていくようになる。

　1946（昭和21）年3月，第1次米国教育使節団が来日，図書館事業のあり方について勧告を行う。さらに1950（昭和25）年，米国教育使節団が来日，図書館学者も来日して指導と勧告を行った。これによって，中央集権的性格の強かった戦前の図書館行政が，地方分権的な面ももつようになる。

　今日，わが国の図書館の設置主体をあげると主なものは以下のようになる。
- 国
- 地方公共団体
- 法人
- 任意団体
- 公共企業体
- 私企業体

そのため行政系統は単一ではなく、たとえば、国立国会図書館は国会法、公共図書館は社会教育法の図書館法、学校図書館は学校教育法といった具合に、法律によっており、さらに総理府外局の宮内庁書陵部などのように所管省の設置法に基づく図書館などもある。こうしたなか、学校図書館は全国学校図書館協議会、公共図書館は日本図書館協会公共図書館部、国立大学は国立大学図書館協議会、私立大学は私立大学図書館協会、公立大学は公立大学図書館協議会、短期大学は短期大学図書館協議会、その他専門図書館協議会が結成され、その組織内で連絡協力を行い、資料の交換、相互貸借、情報の提供などが行われたりもする。

現在、図書館は、多くの市民に図書や情報資料を提供するため、開架制を採用し、館外貸出を行い、目録を整備して、レファレンス・サービスに力を注ぎ、館外活動を展開しつつある。

2 国立国会図書館

1946（昭和21）年、第90帝国議会において、戦災図書館の復興促進に関する建議案、都道府県市町村における読書施設の普及に関する請願、図書館の普及拡充に関する建議案そのほか、図書館に関する案件が多く提出された。

1947（昭和22）年4月、国立国会図書館法が制定される。旧赤坂離宮内に国会図書館が開設され、初代館長に新憲法草案の功労者金森徳次郎が就任した。

1947（昭和22）年12月、米国議会図書館のバーナー・クラップ、およびアメリカ図書館協会のチャールズ・ブラウン両顧問が来日し、米国議会図書館に範をとって、翌48（昭和23）年2月に国立国会図書館法が制定され、その公布をみた。

その目的は、国会、官庁および国民に奉仕する図書館としての機能を明確にしたもので、第2条に以下のように記されている。

> 国立国会図書館は、図書及びその他の図書館資料を蒐集し、国会議員の職務の遂行に資するとともに、行政および司法の各部門に対し、さらに日本国民に対し、この法律に規定する図書館奉仕を提供することを目的とする。

このほか，国内の図書館には，資料収集や，利用の連絡および技術援助を行い，外国に対しては，日本の図書館を代表して国際協力することとなった。

1948（昭和23）年6月，アメリカからダウンズ（Downs, R. B.）が国立国会図書館の顧問として来日した。図書の整理，奉仕，図書館の組織などについて，ダウンズの意見を参考に，各種の付属規則，規定が制定されるなど，国立国会図書館の経営に大きな影響を与えた。

国立国会図書館は，従来，各行政官庁にあった図書館をすべて支部図書館とし，国立上野図書館のほか，東洋文庫，静嘉堂文庫などの民間の特殊図書館なども支部図書館とした。

また，納本制度により，国立国会図書館には，国内出版物が網羅的に収集されている。また外国出版物も，各国の官庁出版物，科学・技術関係資料が収集され，P.B.リポート，原子力関係資料および逐次刊行物などが整備されている。

また「全日本出版物総目録」，「雑誌記事索引」などの出版も行われている。

国立国会図書館の活動等の最新の情報は，そのホームページ等を参照されたい。

なお1947（昭和22）年に公布された地方自治法では，地方議会図書室の設置を規定しており，県議会図書室をはじめ，議会図書室を設置する市・町・村も少なくない。

3　公共図書館

1945（昭和20）年，アメリカ軍は，東京にCIE図書館を開設，図書館サービスとともに，日本人にアメリカ的公共図書館経営の実際を指導した。

その後，名古屋，京都，福岡，札幌，新潟，長野，高松など，21カ所にCIE図書館が開設された。

さらにアメリカ図書館の実際を視察させるため，日本の図書館員が渡米する機会を与え，アメリカ図書館学文献を紹介し，図書館指導を行った。

1947（昭和22）年に「教育基本法」が公布され，それに基づいて，1949（昭和24）年に公布された社会教育法では，公民館，図書館，博物館などの社会教

育施設に対する運営の方針が明らかにされた。そして関係法規として，1950(昭和25)年4月に図書館法が独立法として公布される。

　図書館法によると公共図書館は，公立図書館と私立図書館とに分けられ，さらに同法によると公立図書館では入館料を徴収してはならないこととなった。

　アメリカの指導による，アメリカの図書館活動の方式がとり入れられたため，公共図書館の多くは開架式や館外貸出を採用し，レファレンス・サービスが重視された。

　主題別参考資料室もある公共図書館も現われたが，1949(昭和24)年には，千葉県立図書館の「ブック・モービルひかり号」(移動図書館)が県内を巡回して図書館活動が行われた。今日では全国的になり，公共図書館の図書館活動は，館内のみでなく館外活動にも重点がおかれるようになってきた。

　文部科学省「公立図書館の設置および運営上の望ましい基準」(2001年7月)には，「都道府県立図書館」について，以下のようにある。

　(1) 運営の基本
　　都道府県立図書館は，住民の需要を広域的かつ総合的に把握して資料及び情報を収集，整理，保存及び提供する立場から，市町村立図書館に対する援助に努めるとともに，都道府県内の図書館間の連絡調整等の推進に努めるものとする。
　　都道府県立図書館は，図書館を設置していない市町村の求めに応じて，図書館の設置に関し必要な援助を行うよう努めるものとする。
　　都道府県立図書館は，住民の直接的利用に対応する体制も整備するものとする。
　　都道府県立図書館は，図書館以外の社会教育施設や学校等とも連携しながら，広域的な観点に立って住民の学習活動を支援する機能の充実に努めるものとする。
　(2) 市町村立図書館への援助
　　市町村立図書館の求めに応じて，次の援助に努めるものとする。

ア　資料の紹介，提供を行うこと。
　　　イ　情報サービスに関する援助を行うこと。
　　　ウ　図書館の資料を保存すること。
　　　エ　図書館運営の相談に応じること。
　　　オ　図書館の職員の研修に関し援助を行うこと。
　(3) 都道府県立図書館と市町村立図書館とのネットワーク
　都道府県立図書館は，都道府県内の図書館の状況に応じ，コンピュータ等の情報・通信機器や電子メディア等を利用して，市町村立図書館との間に情報ネットワークを構築し，情報の円滑な流通に努めるとともに，資料の搬送の確保にも努めるものとする。
　(4) 図書館間の連絡調整等
　都道府県内の図書館の相互協力の促進や振興等に資するため，都道府県内の図書館で構成する団体等を活用して，図書館間の連絡調整の推進に努めるものとする。
　都道府県内の図書館サービスの充実のため，学校図書館，大学図書館，専門図書館，他の都道府県立図書館，国立国会図書館等との連携・協力に努めるものとする。
　(5) 調査・研究開発
　都道府県立図書館は，図書館サービスを効果的・効率的に行うための調査・研究開発に努めるものとする。特に，図書館に対する住民の需要や図書館運営にかかわる地域の諸条件の調査・分析・把握，各種情報機器の導入を含めた検索機能の強化や効率的な資料の提供など住民の利用促進の方法等の調査・研究開発に努めるものとする。
　(6) 資料の収集，提供等
　都道府県立図書館は，3の(9)により準用する2の(2)に定める資料の収集，提供等のほか，次に掲げる事項の実施に努めるものとする。
　　　ア　市町村立図書館等の要求に十分応えられる資料の整備
　　　イ　高度化・多様化する図書館サービスに資するための，郷土資料そ

の他の特定分野に関する資料の目録，索引等の作成，編集及び配布
　(7) 職員
　都道府県立図書館は，3の(9)により準用する2の(8)に定める職員のほか，3の(2)から(6)までに掲げる機能に必要な職員を確保するよう努めるものとする。
　(8) 施設・設備
　都道府県立図書館は，3の(9)により準用する2の(11)に定める施設・設備のほか，次に掲げる機能に必要な施設・設備を備えるものとする。
　　ア　研修
　　イ　調査・研究開発
　　ウ　市町村立図書館の求めに応じた資料保存等
　(9) 準用
　市町村立図書館に係る2の(2)から(11)までの基準は，都道府県立図書館に準用する。

都道府県立図書館の主な役目が知られる。

4　学校図書館

　簡単に，そのはじまりの頃の事項をまとめると，1947（昭和22）年5月に公布された学校教育法施行規則のなかで，各学校に図書館を設置すべきことが示された。
　1949（昭和24）年8月に，文部省に設置された学校図書館協議会は，文部大臣の諮問にこたえて学校図書館基準を決定公表した。
　1950（昭和25）年2月，学校図書館団体として「全国学校図書館協議会」が発足し，機関誌『学校図書館』が発行された。
　1953（昭和28）年7月，学校図書館法が公布された。これにより，全国すべての小・中・高等学校が図書館を義務的に設けなければならないことになった。またその運営は司書教諭によってなされることになった。

以後，それなりの変化はあるが，近年，大きく変わることになった。

かつては，教育の目標が知識の蓄積であったが，第15期中央教育審議会第1次答申「21世紀を展望した我が国の教育の在り方について」(1996年7月)に「生きる力」という言葉が登場し，生きる力という資質や能力の育成がなされるようになる。つまり知識伝達型から課題発見・課題解決型になった。また同答申は以下のように述べる。

> 学校の施設の中で，特に学校図書館については，学校教育に欠くことのできない役割を果たしているとの認識に立って，図書資料の充実のほか，様々なソフトウェアや情報機器の整備を進め，高度情報通信社会における学習情報センターとしての機能の充実を図っていく必要がある。

そうしたなか，1997（平成9）年6月，学校図書館法が改正され，2003（平成15）年度から12学級以上の学校に司書教諭が配置されることになった。その役割について，情報化の進展に対応した初等中等教育における情報教育の推進等に関する調査研究協力者会議最終報告「情報化の進展に対応した教育環境の実現に向けて」(1998年8月)に以下のようにある。

> 学校図書館が学校の情報化の中枢的機能を担っていく必要があることから，今後，司書教諭には，読書指導の充実とあわせ学校における情報教育推進の一翼を担うメディアの専門家としての役割を果たしていくことが求められる。

5　大学図書館

大学図書館とは，いうまでもなく大学によって運営される図書館である。教員が講義に関係ある図書資料を指定する「指定図書」（reserved books）制度もあるところがある。

大学は，教育および研究する機関であるから，大学図書館の目的の第一は，大学における教育・研究に資することにある。そのためには，教員・学生と図書や情報資料とを結びつけることができる司書を必要とする。

しかし，膨大な量の情報資料が入ってくるため，それらの分類や目録などの

点で多くの問題がある。まず資料の入手,複写,相互貸借などの利用とそのサービスの問題があり,また,コンピュータを使用しての,情報の入手,組織化,蓄積,検索といった問題もあるのが現状である。

6 その他

　企業や個人などが創設した専門図書館も少なくない。たとえば,財団法人「味の素食の文化センター」内の「食の文化ライブラリー」は,食文化に関する図書等が収集されている。個人のものとしては,河合章男が創設した俳句図書館「鳴弦文庫」は,近代俳句の図書が収集されている。

　公共図書館の場合も,組織のありようが変わり,2つの図書館が1つに統合されるなどすると,多くの蔵書が廃棄されたり,古書市場に流出するが,企業や個人の場合も,運営者の都合によって図書館がなくなったりすることがある。

第6章
地域文化と図書館
――宮城県地方の場合

地域社会の文化史と図書および図書館が密接な関係にあることを理解する。

1　地域図書館史

　京都などといった特別な地域を除き，日本全国の地域の図書館の歴史に焦点をあてた場合，江戸時代，幕藩体制のもとでの展開が，今日の地域図書館のありように少なからずの影響を与えている。藩を単位とする地域社会に，藩主や藩校といった武士の文庫等，町人の文庫等，寺社の文庫等が形成され，それぞれの出版活動がみられ，明治維新以後，そうした文庫に収集された図書や，地域などで発刊された図書が，公立や私立の図書館等に受け継がれる。そのなかには，天災や戦災のために散逸，消失したものも少なくない。図書館史は，「鳥の目」で全体を見渡すことも重要だが，地域社会をひとつの単位として図書の離合集散をとらえる「虫の目」で見ることも必要である。ここでは，1つの藩がそのまま県になった宮城地方について，具体的にみていくことにする。

2　宮城地方

　宮城県は，旧仙台藩領とほぼ重なる。江戸時代，石高でみれば，伊達は，前田，島津に継ぐ，第3番目の外様大名であった。いずれもその文化水準が高かったことはいうまでもない。宮城県図書館は，2001（平成13）年7月25日，設立120周年を迎えた。明治20年代，公立図書館は衰退し，書籍館の大半が廃館になったなかで，唯一残ったのが宮城書籍館である。その名称や建物には変遷

があるものの，120年もの長きにわたり継続した公立の図書館として特筆すべき図書館である。

3　藩政期末の文庫等

　仙台藩の文化に貢献したと考えられるものに，藩内の5つの文庫がある。藩主の文庫，藩校養賢堂の文庫，龍宝寺の文庫，塩竈神社の名山蔵文庫，青柳文庫の5つである。藩主の文庫は，江戸時代を通じて蓄積されていったもので，最終的なものは宮城県図書館，仙台市博物館の伊達家旧蔵書によって知られる。ここでは藩主のもの以外の4つの文庫について，以下，簡略ながらみていくことにする。

　藩校養賢堂の文庫　仙台藩の藩校は，1736（元文元）年，4代藩主伊達吉村のときに設立される。建物は後に「明倫館養賢堂」と称された。その後に単に「養賢堂」と称される。江戸時代，藩校は，地方の学問の中核であり，学問に必要な本が集められた場所でもある。藩主から下されるなどしたもの，藩士が献本したもの，購求されたものなど，すでに書写，刊行された図書のほかに，あらたに藩校で出版されたものから，その蔵書が成る。養賢堂も藩主から借りるなどしたもの，1780（安永9）年5月に国老芝多信憲が献呈したもの，購求したものなど，その数2万巻に達したという。また「養賢堂蔵版」とされる出版物もあった。廃藩後，大半が散逸，県に引き継がれたものも少なくなかったが，戦災のため，ごく一部しか宮城県図書館には今日伝わっていない。なお1948（昭和23）年5月から20年間，宮城県図書館がおかれていた地は，旧養賢堂跡地である。1949年に復興された図書館は養賢堂を模したとされる。

　龍宝寺の文庫　龍宝寺は，1607（慶長12）年，大崎八幡宮の別当寺として創建された。伊達家の一門格という，高い寺格をもつ。毎年1月7日に行われた七種連歌会の連衆でもあり，文化的にも注目される寺である。1714（正徳4）年，第25世の実政が収集した神儒仏関係の図書が寺の什物として，官の管理下におかれることを申請し許可される。1万6000巻余の蔵書で，「法宝蔵」という経蔵（輪蔵，いまの回転式の書函）におさめられた。僧侶にとどまらず，一般に

も解放されていた点で、公開図書館として評価される。明治維新後、藩の庇護がなくなったために衰退し、蔵書も散逸した。「龍宝寺法宝蔵書目」（宮城県図書館所蔵）によって蔵書の書名を知るのみである。

青柳文庫跡地碑

名山蔵文庫　名山蔵文庫は、塩竈神社祠官藤塚知明の文庫である。文庫名は、「亡失を恐れ、石函に入れて名山に蔵した」という故事に由来するという。1781（安永10）年頃の建立とされ、明治維新頃までは存続したが、その後、散逸した。「名山蔵書目録」（宮城県図書館所蔵）によって蔵書の書名を知るのみである。その後、蔵書の多くは飯川寥廓によって購求されたとされる。現在、宮城県図書館「小西文庫」には飯川氏の蔵書が含まれており、「寥廓購求名山蔵図書目録」もそのひとつである。これによって何を買い取ったかがうかがわれ、小西文庫には名山蔵文庫旧蔵本が含まれていると考えられる。

青柳館文庫　青柳文蔵の蔵書約3万巻をもととした文庫である。自らの蔵書が広く読まれたいと考え、仙台藩に書庫の用地の下賜を願い出て、百余坪を与えられる。1831（天保2）年7月に土蔵の書庫が落成して「青柳館文庫」と命名された。蔵書数は2885部2万5000巻9937本であったとされる。戊辰戦争のおり、文庫は閉鎖、蔵書は散逸した。しかし、現在、宮城県図書館にそのうちの3000冊ほどが所蔵されている。

4　出版

　仙台藩内の出版には，藩学養賢堂による藩版，領内各地の郷学による郷学版，寺院による寺版，本屋による町版，個人による私家版があった。このうち出版の中心になるのは藩版と町版である。

　藩版は，藩校でのテキスト提供であるから，四書五経が主な刊行物となる。また寺子屋のテキストを提供したのが町版で，「仙府往来」や「平泉往来」など，地方色豊かなものも含め往来物が主な刊行物となる。

　このように主に教育のための出版がなされたため，娯楽，趣味の図書の刊行物は多くない。これが宮城地方の出版の特徴のひとつとなる。「仙台暦」は，暦の出版がかなり限られていたなかで，農民の種蒔きの時期を間違えないためなどの目的で，幕府より仙台藩領内で流通することが許可された暦で，これは実用的な刊行物である。

5　書籍館設立以前

　明治時代の図書館設立の動きを見ていくと，第1期ともいえる1877（明治10）年までは，新聞縦覧所設立の時期といえよう。新聞縦覧所とは，一般の人々が新聞や雑誌を閲覧できるように，それを収集した施設で，1872（明治5）年に政府の奨励によって，各地に設立された。現代の図書館の新聞・雑誌コーナーのようなものである。宮城県内には，こうしたものが設けられた形跡はない。

6　書籍館の設立

　1877（明治10）年から87（明治20）年までの10年間は書籍館設立の時期といえる。

　宮城県では，まず宮城県師範学校の図書庫が「書籍縦覧室」と名づけられ，1879（明治12）年9月制定の「書籍縦覧室規則」第1条に

　　本室ハ他日公立書籍館ノ階梯トシテ設クルモノニシテ，衆庶縦覧ノ便ニ供センガタメ，ヒロク中外ノ書籍新聞図書墨帖ノ類ヲ収集保存スル所ナリ。故ニソノ構成規模ニイタラズバオノズカラ単純ノ公立書籍館ト小異ナキア

タワズ

と位置づけられた。

　翌年の1880（明治13）年9月，宮城師範学校長和久正辰は，県令松平正直に書籍館設立の建言書および建言書承認後の書籍館縦覧室開場伺を提出した。その年は建言書の具体化が見送られたが，翌年の通常県会で書籍館費763円18銭が予算化された。これにより宮城師範学校の「書籍縦覧室」が独立して宮城書籍館となることになる。

　宮城書籍館の開館は1881（明治14）年7月25日のことであった。このときに「東北毎日新聞」「宮城日報」などに掲載された広告は以下の通りである。

　　本日開館。公衆ノ来館ヲ許ス。此ノ旨広告ス。但シ午前7時ヨリ午後7時
　　迄ノ事。明治14年7月25日宮城書籍館

これによると午前7時から午後7時までの12時間の開館となるが，これは7月11日から9月10日の期間限定で，他は午前8時から午後7時までであった。

　この年は，156日開館で，利用人数5786人，利用冊数1万275冊であった。なお書籍縦覧室（66㎡，2階建）が業務室と書庫，講堂（116㎡）が閲覧室であった。したがって，師範学校で入学式や卒業式などで講堂を使用するときは休館となっている。

　書籍館の蔵書はどのようになっていたかといえば，最初は師範学校講堂図書庫のものと教授上不用になった図書である。その数1万7682冊（和漢書1646部，洋書83部）である。そのうちの7割が旧養賢堂所蔵本（1万1175冊）と青柳文庫旧蔵本（7885冊）であった。

　関連して述べる。幕末に『無覚悟状』などを刊行した仙台国分町の書肆菅原安兵衛は，1873（明治6）年8月，書籍貸観所を開いている。見料，座料をとったため，商売であったわけだが，宮城における私設図書館の先駆けとみることができる。貸出本のもとになったのは，官庁からの払い下げ本である。このなかには，養賢堂や青柳文庫の旧蔵本が含まれていたらしい。書籍貸観所は，商売としてうまくいかなかったようで，1875（明治8）年，官立宮城師範学校が教授用の書籍を必要とした際におさめられたようである。その後，教授上不

用になった図書は宮城書籍館に移された。必要なものは残された。官立宮城師範学校は変遷を経て宮城教育大学となっている。その図書館に，青柳文庫旧蔵本が所蔵されるが，それはこのときに残されたものとされる。

また1875（明治8）年，開館まもない東京書籍館が旧藩校蔵書の交付を文部省に申請した。蔵書不足のため，100万冊以上あったとみられる旧藩校蔵書に目を付けたのである。その結果4万3630冊が提出された。仙台，名古屋，金沢，福井，彦根，和歌山，岡山，高知の各藩のものはとくに多いとされる。国立国会図書館に，青柳文庫旧蔵本が多く所蔵されるのは，こうした背景がある。

7　名称変更

1907（明治40）年4月，宮城書籍館から宮城県立図書館に名称が変更されている。文部省令にしたがったもので，館名に費用負担者名をつけなければならなくなったからである。

1912（大正元）年，独立館を新築して移転する。この建物は，レンガつくりの書庫以外は木造であったが，中央にドーム型の屋根をもつ，近代的な雰囲気

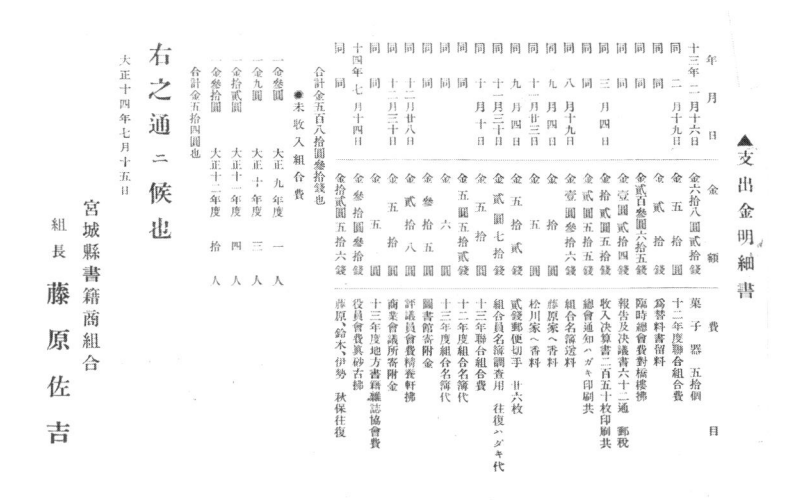

大正13年，宮城県書籍商組合は図書館に35円寄附

の建築であったため，後に秋田県，岩手県にも影響を与えたとされる。当時の図書館建築文化がうかがわれる。

1919（大正8）年11月，宮城県図書館に名称変更が行われ，今日に至っている。

8　戦災

幕末から明治にかけての動乱で，多くの図書が散逸した。同じようなことが，もっと大規模におきた。第2次世界大戦である。

1940（昭和15）年には宮城県人文庫の設置によって多くの寄贈を受けた。1940（昭和15）年2月には，宮城県を代表する漢詩人のひとり今泉篁洲の1000冊を越える旧蔵書が寄贈されている。こうして，その質，数ともに充実していった宮城書籍館設立以来の蔵書は，戦争が始まった1941（昭和16）年には，和漢洋書約1万5000冊，全国第6位を誇り，養賢堂や青柳館文庫の旧蔵の和漢古書・記録類は約3万4000冊であった。

1945（昭和20）年4月，戦況が厳しくなり，貴重書の疎開作業が始まった。「疎開図書目録」には以下のものがあげられている。

旧藩黌養賢堂本目録	220部	1222冊
青柳文庫目録	476部	3413冊
貴重写本之部	700部	1660冊
今泉篁洲文庫図書目録	78部	168冊
貴重書籍目録部	26部	35冊
貴重地図類部	38部	182鋪
新聞	18部	274枚
貴重法帖部	53部	55冊

宮城県図書館

画帖部　　　　　　　　　27部　　　　97冊

　不幸中の幸いとして，疎開できた，養賢堂関係蔵書，青柳館文庫旧蔵書，今泉篁洲文庫旧蔵書，その他の貴重資料の一部は，今日に伝えられている。
　しかし，「疎開図書目録」には，このほかに「重要一般図書之部」「師範学校（女子部）へ疎開図書之部」「鼎浦文庫」の目録があるが，それらの疎開が終わらない7月に仙台空襲に見舞われ，疎開できなかった13万冊と建物が焼失してしまった。
　そのなかには，歴史的な価値，希少的価値を有するものも含まれている。たとえば，そのひとつに甘柿舎旧蔵書がある。伊達家の家臣で養賢堂の目付をつとめた桜田澹斉の収集品などを受け継ぎ，俳人としても知られる庄司惣七の旧蔵書である。なお書画のコレクションは仙台市博物館に寄託されている。

9　戦後の寄贈等

　戦後，再び図書館活動が行われるようになると，再び図書が寄贈され集まってくる。
　1949（昭和24）年3月末で8256冊だった蔵書は，個人，団体から寄贈を受けるなどして同年8月末に2万9716冊となり，11月には，新館の落成式が行われた。翌年3月には蔵書数6万8841冊となっている。
　1年間に約5万6000冊もの増加となったのは，小西文庫，伊達文庫の寄贈によるところが大きい。
　小西文庫は，1935（昭和10）年，小西利兵衛が，本家伊藤家を嗣いだ伊藤清治郎80歳を記念し，自らの蔵書に飯川勤（寥廓）の旧蔵書を加えて設けた私設文庫である。非公開であった。飯川勤は，もともと伊達慶邦夫人の侍医であった。「奥羽史料」の編纂にもあたり，仙台随一の蔵書家といわれたという。1947（昭和22）年に図書館への譲渡を承諾したとされ，1619部4431冊の蔵書は整理されたうえで，1948（昭和23）年12月に搬入されている。
　伊達文庫は，歴代藩主が収集した観瀾閣本と，藩政資料ならびに1883（明治26）年に旧藩士有志によって創設された仙台文庫収集本からなる。約3万

5000点からなる。1949（昭和24）年12月に，主に図書および図書に準ずる形態のものが宮城県図書館におさめられ，それ以外のものが仙台市博物館におさめられている。

昭和25年には，大槻文彦の旧蔵本79種214点が寄贈される。文彦は，第8代館長で，国語辞典『言海』の著者として知られる。また『古事類苑』編纂掛を務めるなどした榊原芳野の蔵書を東京図書館（現・国立国会図書館）に一括寄贈する斡旋をしたのも文彦である。なお，大槻家の旧蔵書は早稲田大学にも所蔵されている。

1957（昭和32）年には，菊田定郷旧蔵書が寄贈される。菊田定郷は，宮城地方の郷土史家としてまずあげられるべき業績を残した人物である。古本屋「任天堂」からあらゆる郷土資料を購入したとされ，実際にその寄贈書に「任天堂」の印が押されているものも少なくない。郷土史関係の古書約380冊，仙台版往来物などの郷土資料約300冊，市町村誌等1390冊が寄贈され，宮城県図書館の貴重な郷土資料となっている。

その後，1989（平成元）年8月には松島瑞巌寺所蔵の仙台版木1700枚が移管され，1995（平成7）年12月には井上藤吉より「街頭紙芝居」3万点を受贈している。

1998（平成10）年3月，現在地（仙台市泉区紫山1丁目1番地）に新館が開かれ，翌年2月，ふたば文庫9500冊を受贈し，今日に至っている。

10　離合集散

現在の宮城県内には，江戸時代に，多くの書物が収集，生産されていたと考えられる。しかし，その大半は，江戸から明治に時代が変わるなかで，また第2次世界大戦のおりの空襲などで散逸・焼失等してしまっている。

しかし，すべてがなくなってしまったわけではない。それは全体のごく一部のものにしか過ぎないかもしれないが，再び集まり，宮城県図書館に伝えられている。

宮城県図書館は，住民の身近にある市町村図書館を支援する，つまり図書館

の図書館として，市町村図書館に資料を貸し出すといった活動をしている。それは，現在，生きている人々にとってきわめて重要な活動である。

　その一方でこれまでみてきたように，過去の文化遺産を今日に伝えてもいる。それらは死蔵されることなく，宮城県図書館の展示施設で公開されたりもしている。

　これまで長く生き延びてきた書物は，書名が同じでも中身，容姿，経歴が異なるのが常である。現在の利用価値で，処分を検討するといった判断はきわめて問題がある。おそらく，人類が滅ぶときに，あの書物はいらなかった，とか，必要だった，とか判断されるべきものと思われる。

　宮城地方は，伊達藩という大藩であったがゆえに，書物という文化的遺産も多く残された。藩から県になったときにも行政区域が同じであったことにより，125年余りの歴史をもつ，ひとつの図書館を中核として，そうした書物が離合集散を繰り返してきたのである。

　宮城県図書館，八戸市立図書館，弘前市立図書館などは，自館でその歴史をまとめている。藩主の蔵書がもとになってはじまった長崎県大村市立図書館の場合は，利用者の1人で，大村市出身の浦さやかがまとめた『大村市立図書館・史料館の沿革』がある。自館でまとめるにしても，館外の者がまとめるにしろ，図書館の歴史は，その図書館の「立ち位置」を確認するために，記録として残すべきである。

第7章
日本の図書文化

　図書館文化を形成するうえで根底となる図書について，その形態と出版の歴史について把握する。

1　紙の種類

　知識を記録する媒体に竹や木の板を使用した「木簡」「竹簡」のことはすでに述べた [→ 25 ページ]。また紙の発明に関することもすでに述べている [→ 26 ページ]。

『童子往来百家通』慶応4年　紙を製す図

　紙とひとことでいっても，原料によってさまざまな種類がある。かなり専門的であり，図書館の所蔵目録等では記載されないのが常である。しかし，どのような料紙を用いるかは，製本の目的，図書の用途などとかかわってくる。そこで，和書の料紙について少々触れておくことにする。

　その代表的なものは，

伊勢辰版『紙名尽寿語六』

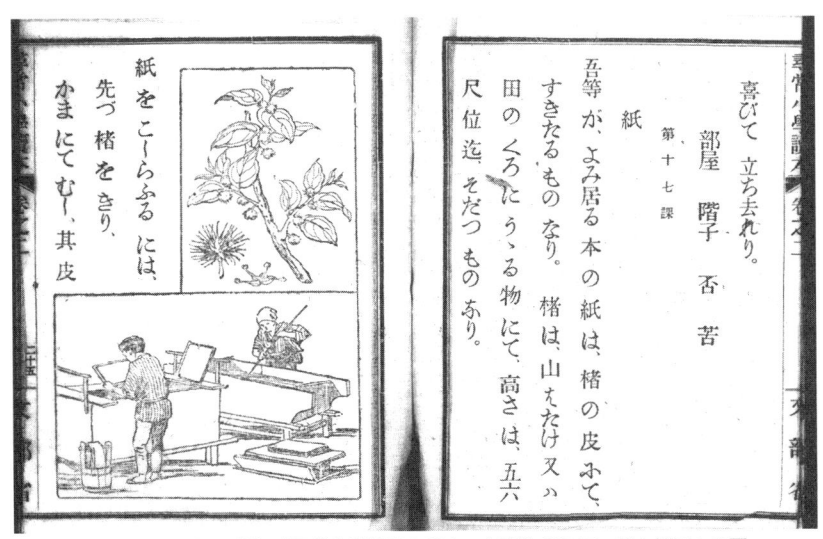

文部省編輯局蔵版『尋常小学校読本巻之二』明治20年　楮と紙スキの図

楮紙，斐紙（雁皮紙），斐楮交漉紙である。これらのほかにも，麻，三椏，壇などを原料にした紙がある。

斐紙は，しっかりとした紙で，両面書写にむいており，これを薄く漉いたものを薄様という。

楮紙は最もよく使われたもので，とくに厚くて白いものを奉書紙，厚くて縮緬のような皺があるものを檀紙という。

斐紙と楮をまぜて漉いたのが斐楮交漉紙である。斐紙が高級品であったため，安価な楮をまぜることによって生産コストを下げることが目的であったとされる。また，これに石粉などを混入してつくったものを間似合紙という。

反古紙を漉き返してつくったものを漉返とか宿紙という。いまでも使用済みの紙で再生紙がつくられているが，昔も同様である。いまのコピー用紙も再生紙は真っ白ではないが，漉返も反古紙の墨が混じって，色が少し黒っぽくなる。

2 装訂

情報が書かれた紙を綴じたりなどすること，つまり製本の仕方を「そうてい」という。わざわざ平仮名で書いたのは，「装訂」「装丁」「装釘」「装幀」などと，いろいろ表記の仕方があるからである。もともとは，よそおい（装），さだめる（訂）の意味だから，ここでは「装訂」を用いる。ただし，他の図書館文化史の類の本などに「装丁」とあったとしても，それを間違いといっているのではない。執筆者の観点でよいと考える表記が用いられているにすぎない。このように表記がたくさんあることは，図書館関係者には迷惑千万であるが，書誌学者に一家言あるなどして，こうした書誌学用語はなかなか統一されないのが現状である。

装訂は，いつの時代のものか，どの地域でなされたものかによって異なることがあり，まさに文化的なことである。その他，書いたものを製本するのか，製本したものに書くのかなども異なり，書かれたものの内容，製本の目的，厚いとか薄いとかいった紙の性質，製本をしたり，それを命じる人の好みなどによって異なり，実にさまざまである。

題簽
紐
表紙
おさえ竹
軸
小口

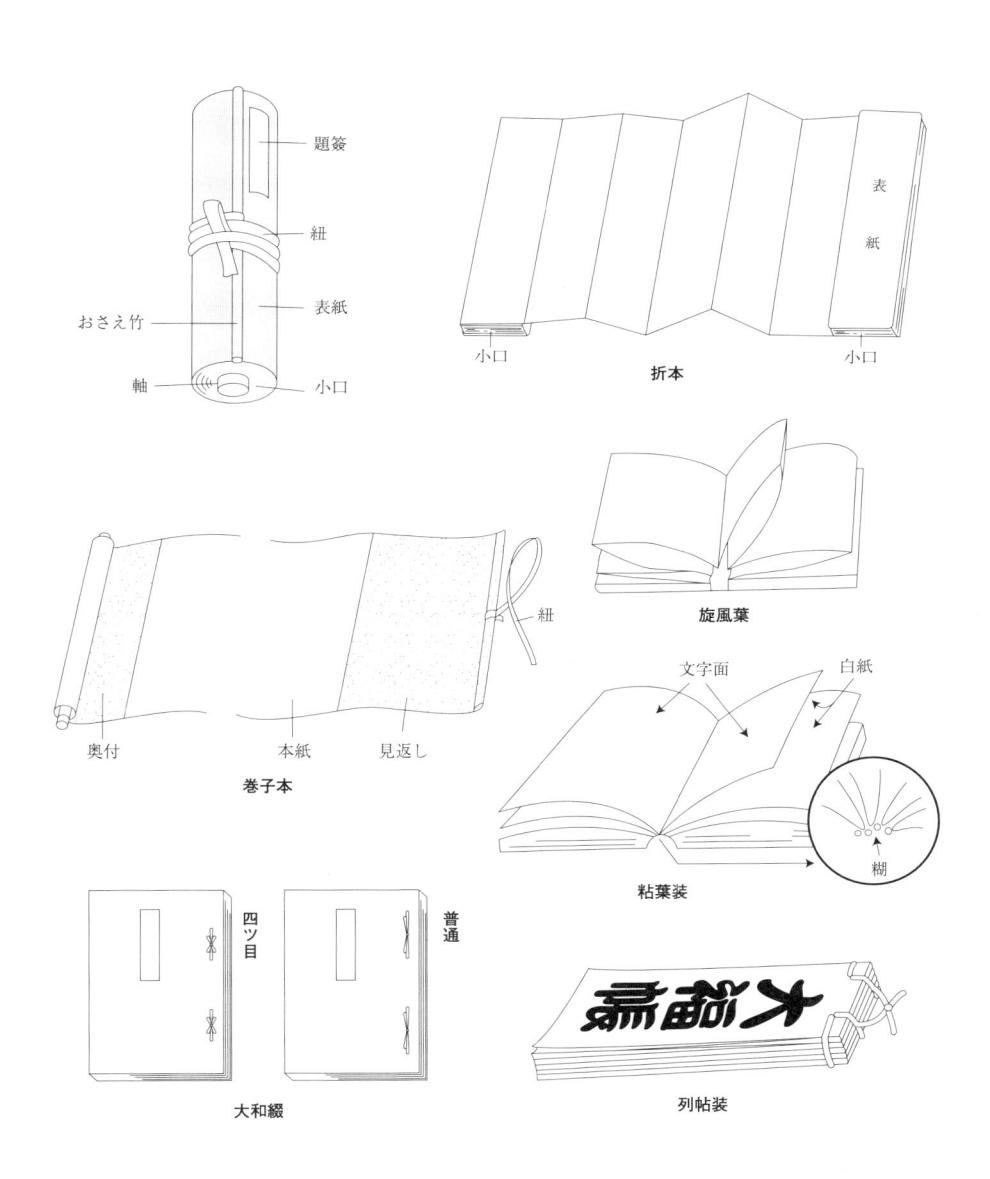

折本
小口　小口　表紙

旋風葉

文字面　白紙
糊
粘葉装

奥付　本紙　見返し　紐
巻子本

四ツ目　普通
大和綴

列帖装

第7章　日本の図書文化　125

朝鮮綴　　　明朝綴　　　康熙綴　　　三針眼訂法

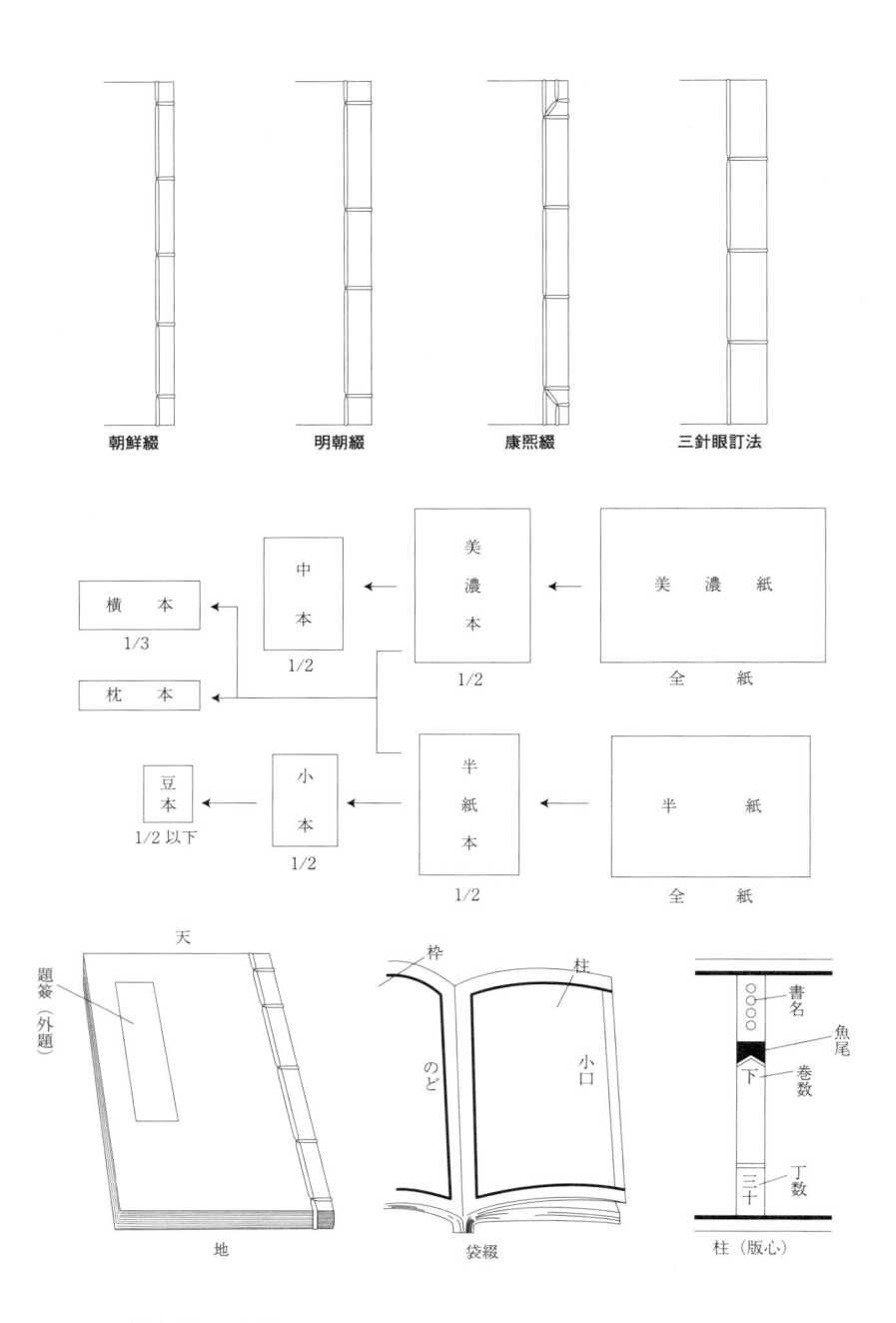

横本 1/3 ← 中本 1/2 ← 美濃本 1/2 ← 美濃紙 全紙
枕本 ←

豆本 1/2以下 ← 小本 1/2 ← 半紙本 1/2 ← 半紙 全紙

題簽（外題）／天／地

枠／柱／小口／のど／袋綴

書名／魚尾／巻数／丁数／柱（版心）

3　糊を使用した装訂

　日本では，縦書きで記録された。すなわち右から左に書かれている。この場合，1枚目の料紙の左端の裏側（端裏）と2枚目の右端の表側（端表）を糊などで貼り付ける。このように1枚1枚を繋ぎあわせていき，長い1枚の紙にし，それを巻くことによってまとめられたものを巻子本という。一般には巻物（まきもの）などといったりもする。巻きやすく，しかも開きやすいように，最後の部分に軸を付ける。よって数える単位は，「軸」で，1軸，2軸と数えることになる。横長に使用される場合は一番左側に，縦長の場合は一番下に付けられた。

　巻子本の長所は，ひろげれば全体をみることができる一方，特定の箇所を見たければ，あるいはひろげる空間が狭ければ，特定の部分だけをひらくことができることである。

　巻子本の欠点は，読むためには繙いて，はじめから見ていかなければならないところにある。途中とか，最後の方とかに知りたい情報が記載されていることがわかっていても，いきなりそこにジャンプすることができない。また巻き戻すのにもけっこう手間がかかってしまう。この欠点を克服してできた形態が「折本」とされる。

　折本は，巻子本と同じように料紙を長くつなぎ，それをを等間隔で折っていき，畳んだ本である。最初と最後に表紙を付ける。数えるときの単位は「帖」である。

　このかたちであると途中の箇所などをすぐに見ることができる。しかし，折り目の部分は耐久性が弱く，「折り目切れ」などといわれるほどよく切れた。そこで耐久性をもたせるために，表表紙と裏表紙と背にあたる部分を，紙や布などを使ってつないで1枚とし，中身をくるむようにした。こうすることによって，たとえば，不注意からダラッと下までひろがって図書がひろがることがない。この製本の仕方を「旋風葉」という。中身がひろがった状態が，風でまくりあげられたように見えることからこの名がある。これも数えるときの単位は「帖」である。

　以上は，長くしたものを折っていくのだが，折ったものを糊付けして製本し

たものがある。

　折帖仕立は、折った料紙を重ね、料紙のそれぞれの端裏同士を糊付けして継いでいくものである。糊付き側は使用できない。この折帖仕立を表紙でくるんだものを「画帖装」という。折帖仕立は長く広げることができるが、画帖装はそれができない。「画帖」というように、絵を見開きで鑑賞するのに適している。また料紙のそれぞれの折目の外側同士を糊付けしてつないで、表紙でくるんだものを「粘葉装」という。以上数えるときの単位は「帖」である。

4　糸を使用した装訂

　紙をついだ長いものを使用しない方法も考え出された。「列帖装」がそれである。これは「綴葉装」ともいう。紙を数枚から十枚ほど重ねてから2つ折りにして、折り目の部分に穴を開けて糸で綴じて、表紙を付けるものである。2つ折りにした束のことを一くくりというが、数くくりをいくつか重ねて糸で綴じる。

　これを応用したのが「折紙列帖装」である。「双葉列帖装」ともいう。はじめの段階で2回折るところがポイントである。まず料紙を半分に折り、その折目を下にして半分に折る。これを重ねて列帖装としたものである。

　先の列帖装は、厚めの料紙が用いられ、両面に書写が可能である。ところが薄い紙だと裏がうつってしまうため、このようにした。

　ともに数えるときの単位は「帖」である。

　綴葉装は、折り目の部分を綴じたが、反対側を綴じる方法がとられるようになる。これを「袋綴」という。仮綴じをした後で、表紙を付け、糸で綴じる。双葉列帖装と同様に、両面書写に向かない薄い料紙に適している。もともと明の時代に中国で行われたもので、日本でも行われるようになったものである。和書の装訂の代表的なものである。数えるときの単位は「冊」である。

5　日本の本の最初

　以上、図書の形態について述べてきたが、情報がどのように記録されるのか

を以下みていくことにする。

中国や朝鮮から入った仏書を中心とした本（漢籍）の存在も想定できるが、そうした、いわば輸入品を除いて、日本の本の最初は何か。

現存する資料でいえば、8世紀初期に編纂された『古事記』『日本書紀』ということになる。もちろん、それが書かれた当初のものが現存しているわけではなく、それを書き写したものが伝わっているにすぎない。なお『古事記』と『日本書紀』とでは、どちらが先に成立したか、『古事記』は偽書ではないか、ということが問題になったこともある。

また、『古事記』『日本書紀』を編纂するうえで参考としたとされる『帝紀』や『旧辞』等の存在、さらには伝聖徳太子撰とされる『三経義疏』の存在が示唆されているが、伝わっていないので「あっただろう」という推測の域をでない。

『古事記』『日本書紀』は、国家的な内容で、とくに『日本書紀』は、公的記録であり、「六国史」のはじめとして、後世、尊重された。これらは「国史」として重要なものであるから伝えられたが、個人的なものゆえに、現在伝わらなかった本もあったかもしれない。

現存するものでは、この他『万葉集』が古いものとして知られるが、主にそれらは貴族社会という狭い世界で享受されたため、あえて大量に印刷する必要はなかった。ごく幼少期などの例外はあろうが、識字率がほぼ100％であったと考えられる貴族は、わざわざ大量生産の印刷物を使用するほどの数はいなかったため、人から人へと手書きの「写本」といわれる図書がやりとりされた。

『広益秘事大全』（江戸期刊）
防虫のため、朝顔の葉をはさむ図

6　日本の印刷の起源

　日本では，西暦764-770年にかけて，称徳天皇の発願により小木塔100万基がつくられ，なかには四種類の陀羅尼経が印刷された紙片がおさめられ，法隆寺などに納められた。これが現存最古の印刷物といわれたこともある「百万塔陀羅尼経」である。ただし，「刷る」という作業が加わっていないから，完全な「印刷」ではないとする説もある。

7　寺院版

　「百万塔陀羅尼経」の例でわかるように，手間暇かければ印刷もできたのであろうが，先に述べたように，狭い貴族社会では，写本で伝えられた。少部数ならば，わざわざ印刷本を作成するよりも写本の作成のほうが容易であったということであろう。

　しかし，ある程度の部数を必要とするところがあった。経済力のある寺院である。宗教の場であるとともに，教育機関，学問所としての性格ももっている。修行僧や学僧を多く抱えていれば，教科書類として仏典などの宗教書も多く必要であり，それらが印刷出版された。キリスト教の場合も同様なことが行われたことはすでに述べた。平安時代末から鎌倉時代の古いものとして，主なものは次の4つである。

- 春日版………奈良興福寺で発刊
- 高野版………高野山金剛峯寺，その末寺で発刊
- 浄土教版……京都知恩院および同末の浄土系寺院で発刊
- 五山版………五山の禅僧が発刊

　このうち春日版について少々述べると，春日版は，鎌倉時代前期にさかんに刷られ，当時の出版事業では最大のものであったとされる。後の東大寺，西大寺など，奈良の諸寺の開版事業の動きに影響を与えたと考えられる。興福寺には板木が多く現存するが，現存する最古の年紀をもつものは，1189（文治5）年から1195（建久6）年の刻銘をもつ『成唯識論述記』であり，ついで1209（承元3）年の『法華経』（普門品）である。

なお，こうした平安時代から室町時代までに寺院を中心に印刷されていたものを，江戸時代のものと区別して「古版本」といったりもする。

さて，鎌倉時代になり，中国（宋）より新仏教である禅宗とともに当時の最新の印刷技術が渡来僧・留学僧によってもたらされる。これにより寺院版も変わることになった。

どのように変容したかといえば，1つは，形態が，それまでの巻子本・折本から，当時の中国最先端の形態とされる綫裝本（和装本）への変化である。もちろんすべてが一瞬にして変わったわけでなく，どちらの形態もあった。

いま1つは，印刷方法を伝えた禅僧等が行った仏典以外の印刷である。天竜寺・相国寺・南禅寺・東福寺・建仁寺という京都五山が中心となったため五山版と称される。ただし，「五山版」といっても，京都五山だけでしかなされなかったのではない。鎌倉五山（建長寺・円覚寺ほか）をはじめ地方の禅宗寺院でも開版された。具体的には，各種漢籍（儒教教典・歴史書・文芸書等）の翻刻，いわゆる「和刻本」が刊行された。これは，漢学の素養の源となるものであり，修行僧の教養書として読まれた。当時の武士階級との付き合いにおいても必要とされたものである。

8　地方版

室町後期になると，戦乱などのために，京都での生活が困難になった公家や僧侶などの知識人のなかには，彼らを庇護してくれる地方の有力者のもとへ移住するものがあらわれる。これによって，京都の文化が地方におおいに伝播することになる。これにともない，印刷出版が地方においても行われる。早くは，1346（正平19）年，泉州堺（現大阪府堺市）で開版された『論語集解』十巻（『正平版論語』）がある。しかし，地方出版で注目されるのは，1493（明応2）年以後刊行された周防国大内氏が開版した「大内版」であろう。大内氏の文化は，中世文化史で特記される地方文化である。

9　中世の印刷文化

　日本における書物の歴史は，国家の記録に始まる。また古代・中世は，その時代の文化の担い手であった，貴族，僧侶，武士といった上流階級の知識人の教養書としてつくられた。文字の読み書きができるための教育を受けることができた階層である。彼らは，書物を書写することによって，あらたな書物を少部数生産し，また一方で印刷することによって大部の書物を生産した。いずれにしろ，総じて書物を生産するにしても，それを入手するにしても，かなり限られた人々の間でなされたことになる。

10　古活字

　安土桃山時代となると，グーテンベルクが発明した西洋式印刷術（活版）がイエズス会の宣教師によってもたらされ，長崎や天草で「キリシタン版」が出版された。しかし，江戸時代になり，幕府のキリシタン禁制がなされるようになるとなくなる。

　朝鮮ではすでに13世紀に活字を鋳造し，活版印刷が行われていたが，文禄・慶長の役のときに，諸大名が，朝鮮銅活字本，その制作のための銅活字，印刷道具などを持ち帰った。このことによって，銅活字やそれを模倣して日本で作成された木活字により印刷がなされた。こうした出版物をとくに「古活字版」という。後陽成天皇や豊臣秀頼などが活字による出版を試みたが，徳川家康の事績が注目される。

　徳川家康は，1599（慶長4）年に，木活字10万個を製作し，足利学校（→59ページ）庠主の閑堂元佶に賜い，慶長11年にかけて，木活字を用いて伏見において『貞観政要』など7点を出版させた。「伏見版」といわれるものである。1601（慶長6）年，伏見に円光寺を創建して元佶を開山とし，200余部の典籍を下賜，足利学校にならって学校を設立する。元佶および円光寺歴代住持の旧蔵書は1906（明治39）年に購入されて，現在，国立国会図書館が所蔵している。

　さらに，家康は，1615（元和元）年から翌年にかけて，駿府城でも銅活字を用いて『大蔵一覧集』『群書治要』を出版した。「駿河版」といわれるものであ

る。なお駿河版で使用された銅活字は，紀州徳川家の所蔵となる。火災で多くが失われたが，残りは，現在，印刷博物館の所蔵となっている。国の重要文化財に指定されている。なお，ついでながら，徳川将軍では，5代綱吉が儒学経典の注釈書を刊行しており，元禄年間に刊行されたことから「元禄官板」とも，綱吉の院号によって「常憲院本」ともいわれる。

　古活字版は，誰が出版したかとか，どこで出版されたかとかで，名称がつけられる。豊臣秀頼の木活字版は「秀頼版」，上杉景勝の重臣直江兼続のものは「直江版」という。直江兼続は，1618（元和4）年，米沢に禅林寺を建て，禅林文庫を設けたことでも知られる。

　すでに述べたように「大内版」があったものの，寺院が出版の主たるところであったのが，この頃になると武士が主導することになり，出版による文化の担い手が変化することになる。

11　木活字のその後

　金属活字にかわる木活字での印刷はさかんに行われたが，寛文年間から，古くからの印刷方法である，1枚の木の板に文字や絵などを逆さに彫って，そのうえに墨を塗り，用紙をあてて刷る製版が広く行われるようになる。大量部数の需要があったからである。増刷まで予定していれば，製版のほうが経済的に印刷できた。

　しかし，完全に木活字印刷が行われなくなったわけではない。少部数の印刷物の需要が高まる，江戸時代末となると，再びさかんになり，明治時代の初めまで行われる。現代の「オンデマンド」のようなものである。具体的に

木活字本　字ならびなどがそろっていない

は，新発田藩では，1780（安永9）年2月に，京都で木活字が調達され，同年に四書が開版されている。鈴木俊幸は

> 木活字印刷は，古活字の時代を過ぎると印刷文化の主流とはなりえなかった。しかし，初期投資の莫大な製版印刷を主体とした印刷では対応しきれないような間隙を埋めて，近世から近代初頭における文化を充実させる大きな役割を担っていた。木活字本の流行は，極めて多様で豊かなこの時代の文化状況を物語るものである。

とする（「近世活字版雑記」『中央大学図書館だより』第57号，2001年4月，pp.1-3）。

12　嵯峨本と奈良絵本

　日本出版史上意匠的に最も素晴らしいもののひとつにあげられている「嵯峨本」もしくは「光悦本」と称される出版物がある。出版地が嵯峨のあたりであるため嵯峨本といわれ，出版した者が，寛永の三筆の1人として，その字がすばらしいことで知られる本阿弥光悦らの町衆が出版したことにより光悦本といわれる。平仮名混じりの木活字や木版刷で印刷されたもので，江戸時代における民間出版（町版）の先駆をなすものと評価される。

　嵯峨本は，貴族たちが生産した流麗な字の写本が，刊本となったものだが，美しい絵巻物が，冊子形態の「奈良絵本」として多く生産されるようになるのもこの頃である。江戸時代を通じて，一冊一冊が作成されるが，これが「丹緑本」といわれる出版物がなされる契機のひとつと考えられる。

13　江戸時代の出版

　江戸時代になると，戦争のための出費がなくなり，安定した社会のもとで経済が発展し，文化の担い手に町人を中心とした庶民層が加わることになる。これにより，書物の需要も増加することになる。幕府による出版の「官版」，藩による出版の「藩版」，須原屋茂兵衛や蔦屋重三郎などに代表される民間の本屋による出版の「町版」など出版がさかんに行われた。色刷りなど，その技術が進歩するだけでなく，その流通も進歩し，生業としての出版業（書肆）が成

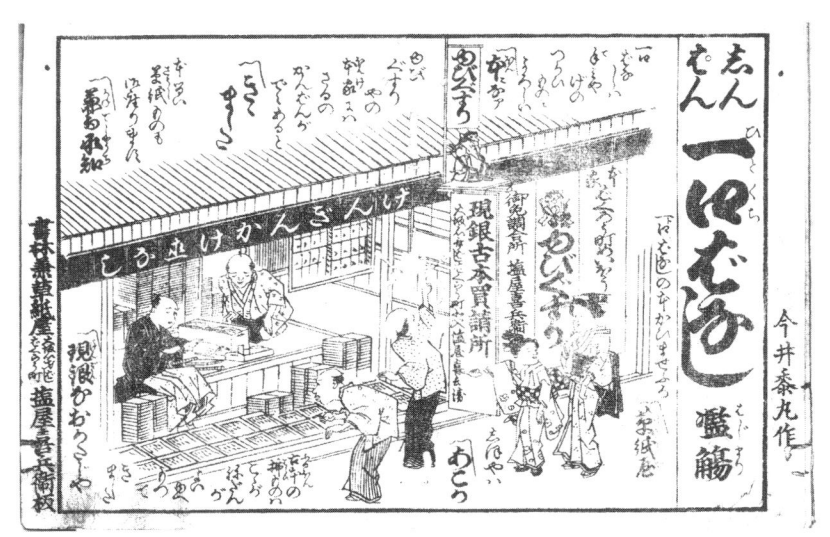

書林兼草紙屋塩屋　店先の図

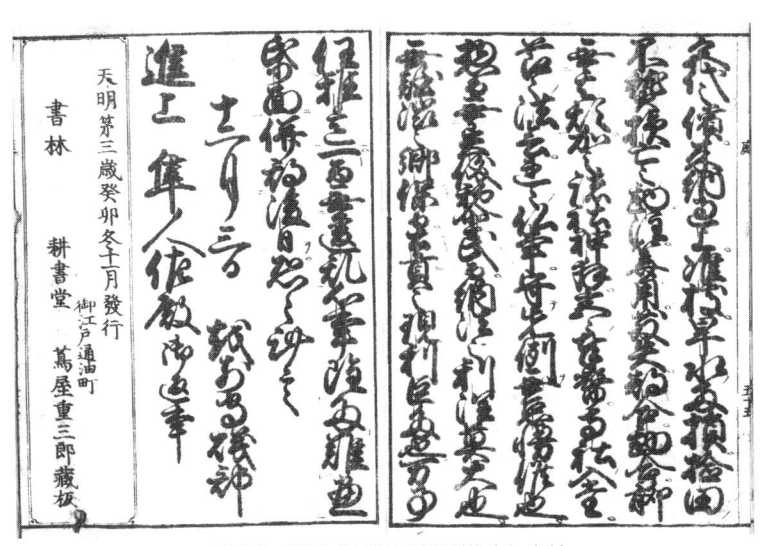

蔦屋重三郎板『本朝文則庭訓往来』奥付

第7章　日本の図書文化

立していくことにもなる。

　ただし「町版」などは公的な許可を受けなければならなく，内容によっては写本で流布したものもある。また貸本屋でよく取り扱われた「実録物」といわれる歴史小説は写本であることが多かった。

　また許可を受けていないものには，限られた仲間のためにつくられた私家版もある。趣味の世界の本，たとえば俳諧の本などにみられる。これは俳諧仲間や知り合いに配られるなどしたもので，発行部数がさほど多いとは考えられず，しかも流通が限られている。全国的にはともかく，郷土資料として注目されるものが多い。

　なお艶本なども無許可の出版物であるが，内容の性格上，それを所蔵する公的な図書館は限られている。所蔵している図書館では，特別閲覧にするなどし，研究目的などの閲覧理由を必要とするところがある。

14　明治初期の出版

　明治初期の出版は，まだ木版刷であった。とくに注目される出版関連事のひとつは教科書である。1872（明治5）年に学制が布かれ，全国各地で小学校をつくることになる。そのために教科書が必要であったが，当時，教科書は東京だけでつくられていたため，需要に対応できず，政府は教科書の覆刻（翻刻），つまり，文部省の教科書通りに，各地でつくり直してよいという許可が出された。具体的には，文部省の教科書を解体し，1枚1枚を桜板に裏返してはって彫り，版木を作成し，印刷した。この教科書は，1887（明治20）年頃までに何万部という単位でつくられた。結果として，標準語が全国に行き渡ったとされている。

15　活版印刷

　1851-1852年頃，長崎のオランダ語通訳をしていた本木昌造らは，オランダ商船から購入した活字と自らが作成した活字とを使用して『蘭和通弁』を印行した。本木は，アメリカ人技師ガンブルの指導を受けて，1870（明治3）年，

金属活字製造の企業「活版製造所」を設立した。ただし，その技術は日本独自のものでなく，中国から導入された技術が基礎となっている。矢作勝美は次の3点をあげている（『活字＝表現・記録・伝達する』出版ニュース社，1986年，p.227）。
① 活版組版の基本である活字の体系である概念
　　活字の大きさや，行間，字間の幅が体系化されることによって，複雑にして，多様な文字表現が可能になった。
② 電胎法による母型の製作方法
　　電胎法によって，小型文字の製作が可能になった。
③ 明朝書体の模刻
　　毛筆を基調にした清調体や正階書体は，小型の活字に適応できず，活字が小型化していく趨勢に対応できなかったのに対し，明朝体はそれを可能にした。

ワープロ・ソフトを使用する方ならば，書式設定で，①がいかに意味あることであったかはおわかりになるだろう。またワープロ・ソフトではさまざまな書体が使用可能であるが，その書体のひとつに，いまだに明朝体が含まれている。

さて，明治政府は，積極的に西洋文明を取り入れ，新式の印刷術を導入し，その技術は民間にも広まった。当時の印刷は，活版（凸版）だけでなく，ゼネフェルターが開発した石版，銅版（凹版）などによる印刷も行われた。しかし，木版刷りの印刷が完全になくなったわけでなく，歌集や句集などのなかには従来の木版のものが少なくない。たとえば俳諧の師匠の書いたものをそのまま木版刷にはできるが，活字はそうはいかない。師匠の筆跡，自らの筆跡などに価値を見いだす人たちがいた。しかし，それも写真製版の技術の普及とともに，ごく一部のものとなっていく。

明治は過渡期ともいうべき時期であり，異なる印刷技術が平行して行われていたように，紙に関しても洋紙と和紙とが，装訂に関しても洋装と和綴じが行われ，印刷は活版，料紙は洋紙，製本は和綴じといったことも行われたのである。

その後，1924（大正13）年には石井茂吉らによって「写真植字機」（写植機）が発明され，これが普及し，感熱紙やフィルムに文字を印字して版をつくる「写

真植字」(写植)が活字にとってかわる。

　また1970年頃になると,写植機がコンピュータと組み合わされ,CTSといわれる電算植字システムが登場し,コンピュータ処理で組版が行われるようになる。コンピュータの進化は,パソコンによって版下を作成するDTPと進展する。活字から電子によって出版されるようになったのである。

第2部関連参考文献――
国立歴史民族博物館／平川南編『古代日本文字の来た道――古代中国・朝鮮から列島へ』大修館書店,2005年
小野則秋『日本文庫史研究』臨川書店,1994年
竹林熊彦『近世日本文庫史』日本図書館協会,1978年
羽田八幡宮文庫史編集委員会『羽田八幡宮文庫史』豊橋中央図書館,1998年
細井岳登「射和文庫研究序説――幕末維新期文庫研究の視座――」『図書館文化史研究』第17号,2000年
鈴木敏夫『江戸の本屋』中公新書,1980年
岡村敬二『江戸の蔵書家たち』講談社選書メチエ,1996年
川瀬一馬『日本における書籍蒐蔵の歴史』ぺりかん社,1999年
長友千代治『近世貸本屋の研究』東京堂,1982年
長友千代治『江戸時代の図書流通』思文閣出版,2002年
日本図書館協会編『日本近代図書館の歩み　本編』日本図書館協会,1993年
日本図書館協会編『日本近代図書館の歩み　地方編』日本図書館協会,1992年
石井敦『日本近代公共図書館史の研究』日本図書館協会,1972年
角家文雄編著『日本近代図書館史』学陽書房,1977年
佐藤政孝『図書館発達史』みずうみ書房,1986年
佐藤政孝『東京の近代図書館史』新風舎,1998年
東條文規『図書館の近代――私論・図書館はこうして大きくなった――』ポット出版,1999年
小川徹・山口源治郎編著『図書館史　近代日本編』(新編図書館学教育資料集成7)教育史料出版,1998年
森耕一『近代図書館の歩み』至誠堂,1986年
森耕一『公立図書館の歴史と現在』日本図書館協会,1986年
桂英史『インタラクティブ・マインド　近代図書館からコンピュータネットワークへ』岩波書店,1995年
永末十四雄『日本公共図書館の形成』日本図書館協会,1984年
西日本図書館学会編『九州図書館史』千年書房,2000年

塩見昇『日本学校図書館史』全国学校図書館協議会，1986 年
工藤宜『江戸文人のスクラップブック』新潮社，1989 年
永嶺重敏『雑誌と読者の近代』日本エディタースクール出版部，1997 年
奥泉和久「明治 10 年代前半における新聞従覧所の設立について」『図書館史研究』第 6 号，1989 年
秋山哲『本と新聞の情報革命　文字メディアの限界と未来』ミネルヴァ書房，2003 年
山口順子「ヴァンリードの新聞『もしほ草』官許をめぐって―書誌データと史料による考証―」『メディア史研究』第 18 号，2005 年
磯部敦「『開化新聞』『石川新聞』の足跡」『中央大学国文』第 49 号，2006 年 3 月
石井洋「東京書籍館における法律書庫の開設」『図書館文化史研究』第 8 号，1991 年
槻本正行「私立大学における図書館公開小史―明治期から新制大学発足まで―」『図書館文化史研究』第 10 号，1993 年
馬場俊明「集書院の成立と衰退に関する史的考察」『図書館文化史研究』第 14 号，1997 年
間山洋八『青森県図書館運動史』津軽書房，1967 年
『八戸市立図書館百年史』1974 年，八戸市立図書館
宮城県図書館編『宮城県図書館百年史』宮城県図書館，1984 年 3 月
宮城県図書館編『ことばのうみ　宮城県図書館だより』No.9，宮城県図書館，2002 年 1 月
常盤雄五郎『本食い虫五拾年』復刻版，小泉智夫，1991 年
早坂信子「青柳文蔵と青柳文庫（一）」『杜』第 1 号，宮城県図書館杜の会，1978 年 12 月
早坂信子「青柳文庫のゆくえ」『東磐史学』第 27 号，2002 年 8 月
高橋正武編『宮城の印刷史』宮城県印刷工業組合，1986 年
小井川百合子「仙台の書肆雑纂」『仙台市博物館年報』第 7 号，1980 年 3 月
小井川百合子「仙台の書肆について」『仙台市博物館調査研究報告』第 2 号，1982 年 3 月
町田誠之『紙と日本文化』NHK ブックス，1989 年
庄司浅水・吉村善太郎『目でみる本の歴史』出版ニュース社，1984 年
高宮利行・原田範行『図説本と人の歴史事典』柏書房，1997 年
印刷博物館学芸企画室編『江戸時代の印刷文化―家康は活字人間だった―』印刷博物館，2000 年
国立公文書館『将軍のアーカイブス』国立公文書館，2005 年 4 月，
『印刷博物誌』凸版印刷，2001 年
矢作勝美『明朝活字―その歴史と現状―』平凡社，1976 年
国文学研究資料館編『明治の出版文化』臨川書店，2002 年
廣庭基介・長友千代治『日本書誌学を学ぶ人のために』世界思想社，1998 年
長澤規矩也『古書のはなし書誌学入門』冨山房，1976 年
川瀬一馬『書誌学入門』雄松堂，2001 年
西野嘉章『装釘考』玄風社，2000 年，
『書籍文化史』第 1 号～，2000 年 2 月～

あとがき

　図書館情報学を学ぶ方に，こういう見方もある，という知見を得るために，一読を勧めるものがある。長澤規矩也「書誌学と図書学と図書館学」（『長澤規矩也著作集』第 4 巻）と谷沢永一「書誌学と図書館学」（『いずみ通信』No.33）である。谷沢は「図書館学とは何を研究する分野なのか」と疑問を呈し，長澤の「書誌学と図書学と図書館学」から，図書館の経営をする方法は，法であり，術であり，せいぜい論であるが，図書館史は学問になりうる，といったことを述べている文章を引用している。

　その内容については，二川幸広氏「図書館学の創世期における毛利宮彦の事績について」（『図書館雑誌』988 号）でとりあげられた問題点などもあろうが，確かに，図書館史は，学問的研究になりうる要素を持っている。そのことを認識し，単なる《暗記もの》などではなく，学問的な視点で図書館史を学び，さらには研究すれば，図書館の原理・原則・理念・理想といった，本質的な，大切なものについて，他人の説を鵜呑みにするのではなく，自分で考えることができる能力を身につけることができるかと思われる。本書がその契機になれば幸いである。

　2006 年 2 月 25 日

綿　抜　豊　昭

［付記］
　本書をなすにあたりましては，大串夏身，金沢みどり両氏のお導きを受けました。また宮城県図書館，八戸市立図書館には貴重な資料を閲覧させていただきました。筑波大学図書館情報学図書館には資料の撮影をさせていただきました。川瀬康子，久佐賀楽，鈴木千鶴，笠原好美の各氏には，図版の整理等にご助力いただきました。学文社の三原多津夫氏には大変お世話になりました。末尾ながら厚く御礼申し上げます。

索　引

あ

青森市立図書館　　95
青山会館図書館　　96
アカデメイア　　23
秋田県立秋田図書館　　94
浅草文庫　　76,85
浅田図書館　　96
足利学校　　65
　　──遺跡図書館　　65,94
阿直岐　　53
アッシュル・バニパル文庫　　13
アニマシオン活動　　44
アメリカ図書館協会（ALA）　　49
アルスナル図書館　　43
アルトワ伯爵　　43
アルファベット　　21
アレクサンドリア図書館　　24
アンブロジアナ図書館　　40
射和文庫　　76
石川県立図書館　　95
石山寺　　60
市川清流　　81
弥栄郷土図書館　　96
インダス式印章　　17
インダス文明　　17
インダス文字　　17
ヴァチカン図書館　　36
ウィーン宮廷図書館　　40
梅小路文庫　　67
浦和書籍館　　93
ウルピア図書館　　29
芸亭　　61
ウンブリクス　　16
英国図書館法　　42
叡山文庫　　102
エジプト文明　　14
エスコリアル図書館　　40
エブラ　　13
延暦寺　　60
桜雲館　　76

王禎　　36
近江兄弟社図書館　　96
王立オランダ科学アカデミー図書館　　46
大分県教育会福沢記念図書館　　94
大内版　　64,131
大倉精神文化研究所付属図書館　　96
大阪府立書籍館　　93
大橋図書館　　94,95,99
沖縄県立図書館　　95
オクタヴィア図書館　　29
オハイオ大学図書館センター　　49
オペラ座図書館　　44
折本　　127
温故堂文庫　　74

か

会員制図書館　　41
海軍文庫　　86
海軍兵学寮　　97
会計院図書館　　43
海蔵院文庫　　66
偕楽園文庫　　70
加越能文庫　　71
香川県教育会図書館　　94
学習院　　97,98
カークマン　　42
学寮図書館　　36
鹿児島県教育会付属図書館　　94
香島文庫　　76
春日版　　130
画帖装　　128
学館院　　62
学校区図書館　　44,47
『学校図書館』　　109
学校図書館協議会　　109
活版製造所　　137
金沢文庫　　63
カーネギー　　48
鎌田共済会図書館　　96
紙屋院　　57
カーン　　44

観学院　62
観学寮文庫　79
関西文庫協会　82
感恩斎文庫　72
甘柿舎旧蔵書　119
巻子本　127
簡牘　25,26
官版　134
官文殿　57
官務文庫　87
キオス版　25
議会図書館　49
岐阜県教育会図書館　95
ギムナシオン　23
宮廷付属学院　30
キュネイフォーム　11
教育友の会　44
教育連盟　44
杏雨書屋　100
杏花園文庫　76
教区図書館維持法　41
教区民図書館　41
教区立無料図書館　41
経蔵　55,59
共存同衆文庫　93
京都帝国大学附属図書館　98
京都府教育会図書館　94
京都府立図書館　94
キリシタン版　132
ギリシャ文化　22
楔形文字　11
グーテンベルク　38
宮内庁書陵部　64,67
熊本県立図書館　95
黒川文庫　102
『群書類従』　74
群馬県上野教育会附属図書館　94
慶應義塾大学図書館　98
経宜堂　76
ケイン　47
結縄　19
ケプロン　81
原カナーン文字　21
元禄官板　133
黄河文明　18
公共情報図書館（BPI）　44
公共図書館法　42

江家文庫　61
甲骨文字　19,20
興譲館　74
　　──図書館　96
好尚堂　76
公正図書館　96
高知図書館　94
皇帝大図書館　30
弘道館　74
紅梅殿　61
興風会図書館　96
興福寺　60
神戸市立図書館　95
江北図書館　99
高野版　130
公立大学図書館協議会　105
公立図書館司書検定試験　84
公立図書館職員令　84
公立図書館の設置および運営上の望ましい基準　107
古活字版　132
古義堂文庫　75
国際文化振興会図書室　96
国民公会図書館　43
国民新聞　90
国民精神文化研究所図書館　97
国立医学図書館（NLM）　49
国立音楽院図書館　44
国立公文書館　87
国立国会図書館　105
国立大学図書館協議会　105
国立図書館　86
五山版　130,131
御書所　58
金刀比羅宮図書館　96,102
小西文庫　114,119
古版本　131
御文庫講　78
古文書学校　43
金光図書館　96

さ

蔡倫　26
佐伯文庫　72
酒田光丘文庫　96
嵯峨本　134
椹栳書屋　100

144

佐世保市立図書館　96
里内文庫　99
サンスクリット　17
サント・ジュヌヴィエーヴ修道院図書館　43
サント・ジュヌヴィエーヴ図書館　43
CIE 図書館　106
司教座聖堂付属学校　31
時事新報　90
時習館　74
静岡書籍館　93
斯道文庫　96
シノープ版　25
司法省文庫　86
下関市立図書館　96
写経所　59
シャンポリオン　16
集書院　92
集書会社　92
修道院図書館　30
修道院付属学校　31
淳和院　62
奨学院　62
象形文字　15
常憲院本　133
彰孝館　64
──文庫　70
饒石文庫　93
正倉院　58
浄土教版　130
聖徳太子　53
昌平坂学問所　72,73
昌平黌　72,87
──文庫　73
書屋　56
食の文化ライブラリー　111
書籍館　85
職工図書館　47
書物仲間　77
ジョン・クレラー図書館　49
白河文庫　72
ジラール　44
私立大学図書館協会　105
賜蘆文庫　76
神官文字　15
神宮皇学館図書部　98
神宮文庫　102

真福寺文庫　102
新聞縦覧所　90
杉野文庫　99
図書寮　56
住吉御文庫　93
駿河版　132
駿河文庫　68,70
静嘉堂文庫　100
成簣堂　102
聖刻文字　15
青山文庫　96
青少年図書館員連盟　82
青裳文庫　75
棲息堂文庫　87,102
成徳書院　74
青柳館文庫　76,114,118
全国学校図書館協議会　105,109
洗心洞文庫　76
綾装本　131
船舶版　25
旋風葉　127
専門図書館協議会　105
潜竜閣文庫　70
倉頡　20
叢書堂　87
装訂　124
ソーシャル・ライブラリー　47
ソルボンヌ図書館　43,44
尊経閣　64
──文庫　71,102

た

第一高等学校図書室　98
大英博物館図書館　42
大学図書館　30
大学の心臓部　48
大師図書館　96
太政官文庫　85,86,87
大日本教育会書籍館　94
タウン・ライブラリー　42
高倉学寮文庫　98
宝塚文芸図書館　96
滝川文庫　76
伊達文庫　119
田中不二麿　81
ダーラム図書会社　47
多和文庫　102

索引　145

短期大学図書館協議会　105
竹柏園文庫　102
智山文庫　102
知識の家　34
致道館　74
千葉県教育会附属図書館　94
中央大学図書館　98
中尊寺　61
楮紙　124
千代田文庫　86,87
通信制図書館　103
津山基督教図書館　96
帝国大学図書館規則　84
帝国図書院　45
帝国図書館　29,82,85
　――官制　82,83
粘葉装　128
綴葉装　128
デモティック　15
デュリー　42
天爵堂文庫　76
天理教本島図書館　96
天理図書館　96
ドイチェ・ビブリオテーク　45
桃華坊文庫　67
東京科学博物館図書館　97
東京書籍館　85
東京市立神田簡易図書館　94
東京市立日比谷図書館　95
東京専門学校図書館　98
東京大学　98
東京帝国大学図書館　100
東京帝国大学附属図書館規則　84
東京図書館　85
東京日日新聞　90
東京府書籍館　85
東寺　60
同志社大学図書館　98
東大寺　60
　――図書館　94
　――文庫　102
『東壁』　82
東洋語学校　43
東洋文庫　100
図書館員養成学校　45
『図書館研究』　82
『図書館雑誌』　82

図書館令　82,83
図書館・公読書局　44
特許局図書館　97
鳥取文庫　94
徒弟図書館　47
トプカプ宮殿　34
富小路内裏文庫　67
富山県立図書館　96
豊宮崎文庫　78
曇徴　55

な

内閣文庫　87
直江版　133
長崎県立図書館　95
名越文庫　63
奈良絵本　134
成田図書館　94,99
南葵文庫　71,100
南天荘文庫　95,102
新居浜図書館　96
日曜学校図書館　47
日本件名標目表　82
日本国見在書目録　58
日本十進分類法（N.D.C）　82
日本図書館協会　82
　――公共図書館部　105
日本文庫協会　82
日本目録規則（N.C.R）　82
日本労働科学研究所図書館　97
ニューベリー図書館　49
ニューヨーク商業図書館協会　47

は

破毀院（最高裁判所）図書館　43
白雲書庫　76
羽田八幡宮文庫　76
バタビア新聞　90
八戸書籍縦覧所　77,93
パピルス　16
林崎文庫　78
パリ学術図書館　43
パンテオン図書館　43
坂東の大学　65
藩版　134
ヒエラティック　15
ヒエログリフ　15

東山文庫　　78
ビクトリア・アルバート博物館図書館　　42
ピケナス　　25
眉丈文庫　　96
斐紙　　124
ピーターバラ・タウン・ライブラリー　　48
斐椿交流紙　　124
畢昇　　36
秀頼版　　133
ビニョン　　42
百万塔陀羅尼経　　130
弘前図書館　　94
便覧社　　93
フィラデルフィア図書館会社　　47
風月社　　72
フェニキア文字　　21
フォンテーヌブロー王室図書館　　40
福井市立図書館　　95
福沢諭吉　　80
福島市立図書館　　95
袋綴　　128
富士見亭文庫　　64,67
伏見版　　132
婦女新聞図書回覧会　　103
ブック・モービルひかり号　　107
仏子仏教図書館　　96
文倉　　61
普門院書庫　　66
フランクラン協会　　44
フランクリン　　47
フランス国立図書館　　44
『フランス全国書誌』　　44
ブレイ　　41,47
プロイセン図書館員試験規定　　45
プロイセン文化省公共図書館局　　45
焚書坑儒　　26
文殿　　57
平民新聞　　90
ペルガモン図書館　　24,25
蓬左文庫　　69,100
法宝蔵　　113
　――文庫　　79
ボストン公共図書館　　48
帆足記念図書館　　96
法界寺文庫　　61
ボドリ図書館　　40
ボルドウィン　　81

梵語　　18

ま

マザラン学院図書館　　42
マザラン図書館　　42,43
マセ　　44
町版　　134,136
松江図書館　　94
松廼舎文庫　　95,100
万里小路殿文庫　　67
間似合紙　　124
丸亀市図書館　　96
マルティアーナ図書館　　39
万余巻楼　　75,87
三井文庫　　102
三手文庫　　78
宮城県人文庫　　118
宮城県図書館　　118
宮城県立図書館　　117
宮城書籍館　　112,116,118
ミュンヘン大公図書館　　40
民衆語　　15
民衆図書館　　44
民衆文字　　15
ムセイオン　　24
ムーディーズ図書館　　42
鳴弦文庫　　111
名山蔵文庫　　114
明倫堂　　74
メソポタミア文明　　10
メディアテック　　44
モスク　　34
木活字　　133
本木昌造　　136
紅葉山文庫　　69,87
盛岡図書館　　94
モレル　　44
文章院　　62
文部省図書館講習所　　82,84

や

八坂文庫　　102
安田文庫　　100
山形県教育会山形図書館　　94
山形県立図書館　　95
山縣図書館　　103
山口県立図書館　　94

大和橿原文庫　96
郵便報知新聞　90
養賢堂　113,118
擁書楼　75
　——文庫　70
羊皮紙　25
陽明文庫　102
横浜毎日新聞　90
『四十二行聖書』　38

ら

ライプチヒ司書養成規定　45
ラウレンツィアーナ図書館　40
楽歳堂文庫　72
楽亭文庫　72
陸軍文庫　86
立教館　74
リュケイオン　23

ルター　38
ルネサンス　37
ルラン　44
列帖装　128
レッドウッド図書館　47
蓮華王院宝蔵　66,67
ロゼッタ・ストーン　15
ロンドン図書館　41

わ

和学講談所　72
　——文庫　74
和歌山県立図書館　95
和刻本　131
ワズワース　47
早稲田大学図書館　98
王仁　53
和風図書館　96

監　修

大串　夏身　　（昭和女子大学教授）
金沢　みどり（東洋英和女学院大学教授）

著　者

綿拔　豊昭（わたぬき　とよあき）

筑波大学教授
関心領域：日本の図書文化
著　　書：
　　『膝栗毛はなぜ愛されたか』（講談社，2002年）ほか

［図書館情報学シリーズ8］
図書館文化史

2006年4月25日　第1版第1刷発行	監　修	大串　夏身
		金沢　みどり
	著　者	綿拔　豊昭

発行者　田中　千津子	〒153-0064　東京都目黒区下目黒3-6-1
	電話　03（3715）1501（代）
発行所　株式会社 学文社	FAX　03（3715）2012
	http://www.gakubunsha.com

Ⓒ Toyoaki WATANUKI 2006　　　　印刷　新灯印刷
乱丁・落丁の場合は本社でお取替えします。　製本　橋本喜太郎製本所
定価は売上カード，カバーに表示。

ISBN 4-7620-1559-8

図書館情報学シリーズ
〔全9巻〕

監修
大串　夏身（昭和女子大学人間社会学部教授）
金沢　みどり（東洋英和女学院大学人間科学部教授）

第1巻　図書館概論
第2巻　図書館経営論
第3巻　図書館サービス論
第4巻　情報サービス概説および演習
第5巻　図書館資料論
第6巻　資料組織概説および演習
第7巻　児童サービス論（既刊），金沢 みどり 著
第8巻　図書館文化史（本書）
第9巻　情報メディアリテラシー

　現在の司書養成カリキュラムは，1996年の「社会教育主事・学芸員及び司書の養成・研修等の改善方策について」（生涯学習審議会社会教育分科審議会報告）に基づいて作成されています。しかし，その後10年間のあいだに，図書館を取り巻く状況は大きく変わり，公共図書館の社会的な役割も「地域の情報拠点」としての役割を強く求められ，電子図書館的機能も加わることとなっています。これは，21世紀の高度情報通信ネットワーク社会到来によって，一層強く求められることになるでしょう。

　こうした状況をふまえて，新たに「図書館情報学シリーズ」として，1996年のカリキュラムの枠組みによりつつ，新しく求められる役割を担うことができる司書の養成に必要な項目を盛り込み，新テキストシリーズを刊行するものです。

●本シリーズの特色●

(1) 情報化の進展に伴い，今後の高度情報通信ネットワーク社会に求められる図書館司書など情報を扱う高度な専門職の育成をめざすものです。

(2) 単に大学・短期大学の司書課程の学生，および司書講習のためのテキストとしてだけではなく，現職者のリカレント教育にも役立つように，最新の知識や技術，図書館先進国であるスウェーデンなどの北欧諸国やアメリカ，イギリスなど海外の動向，日本の豊富な実例などを充分盛り込むように努めました。なお，単に公共図書館だけではなく，広い視野から，大学図書館や専門図書館など他の館種の図書館についても，すぐれているサービスなどについて幅広く取り上げました。

(3) 生涯学習社会の到来により，市民が自らの学習のために公共図書館や大学図書館を積極的に利用する時代となりつつあります。そこで，図書館や各種情報提供機関を利用して必要な資料や情報を自ら収集したいと考えている一般市民の啓蒙書として，情報活用能力の育成も視野に入れて解説します。

(4) 各巻は，最初から最後まで通読した時に，矛盾のない内容で，あくまでも初学者にわかりやすく理解しやすいように説述しています。

(5) 執筆陣は，第一線で活躍中の図書館情報学研究者および図書館専門職者より構成されています。